물리의 뽈리에

과학자가 보는 발레 세상

물리의 빨리에

과학자가 보는 발레 세상

배진수

지음

FLOOR
WORX.

발레를 관찰합니다

물리학자 아르망 트루소(Armand Trousseau)는 '최악의 과학자는 예술가가 아닌 과학자이며, 최악의 예술가는 과학자가 아닌 예술가'라고 했습니다. 과학자들의 예술에 대한 짝사랑은 유별납니다. 공기의 진동을 연구하는 과학자들은 악기의 원리를 파헤치는 정도에서 그치지 않고, 자신들 스스로 연주가가 되기도 합니다. 과학자들은 예술가들을 흠모하고, 기회가 있을 때마다 예술가들과 교제하며 영감을 나누기를 바라고 있습니다. 예술을 유별나게 사랑하는 과학자들의 독특한 관점 자체가 감상의 대상이 될 정도입니다.

과학은 자연 현상에 관한 사실과 지식의 집합을 뜻하기도 하지만, 어떻게 보면 과학은 생각하는 방식에 가깝습니다. 어쩌면 우리가 과학을 공부하면서 얻는 것은 세상을 살아가는 방식일 것입니다. 인류 자산으로서의 과학 지식들은 그 과정에서 얻어지는 덤이겠고요. 과학 하는 사람들은 끊임없이 이유 속에서 이유를 찾고 인과관계를 중요하게 여기며 우연보다는 필연을 더 편안하게 여깁니다.

고등학교 때는 수학과 과학을, 대학교 이후로는 공학을 주로 공부해온 제가 발레를 배우니 머릿속에서 난리가 났습니다. '왜 그렇지?' '이건 뭐지?' '저게 왜 되는 거지?' '되니까 되는 거라고?' '일단 하면 된다고?' '원리를 모르면 이 다음 단계는 어떻게 넘지?' '납득이 안 되는데!' 애써 태연한 표정을 지으며 레슨을 받고 있지만 설명을 듣는 내내 머릿속은 난리법석입니다. 눈은 웃고 있지만 입은 길 잃은 뇌를 따라 무언가를 중얼거리기도 하죠.

과학자의 머릿속은 이렇게 난리가 났는데, 발레 선생님은 태연하게 "발레는 과학"이라고 말합니다. 옆에서도 다들 "맞아, 맞아, 과학이네" 합니다. 이쯤 되면 제가 공학도라는 사실은 숨겨야 그나마 체면이라도 섭니다. 하지만 제 직업을 아는 선생님은 저를 콕 집어 "발레는 참 과학적이죠?"라고 합니다. 그러면 저도 어쩔 수 없이 "네, 정말요!" 하고 맞장구칩니다. 하지만 이건 사회생활이죠. '예술을 모르는 최악의 과학자'는 되지 말자 싶어 발레를 배우려 했더니 거꾸로 내가 '과학을 모르는 최악의 예술가'인가 싶어집니다.

발레 클래스에서의 혼란이 가라앉고 돌아보니 제게 필요했던 것은 시간이었습니다. 발레는 쉽게 친구를 사귀지 않는 새침데기였습니다. 발레를 향한 관심이 적어도 일시적인 호기심이 아니라는 것을 확인해야 비로소 발레는 조금씩 속마음을 보여줍니다. 그렇게 서로 마음을 터놓고 나서야 조금씩 제 사고방식대로 발레를 이해할 수 있게 됐습니다.

제가 처음으로 발레 공연장을 찾았던 때가 5년 전 여름이니 이 책은 제가 발레와 처음 만나 인사하고 나서 5년 동안 겪은 발레에 대한 기록입니다. 지식을 전달하거나 독특한 경험을 공유하기 위해서 쓴 책이 아니라 삶의 한순간에 '어쩌다 마주친 발레'에 대해, 또 '아무튼 발레'를 몸소 배우는 사람들을 줄곧 애정 어린 눈으로 바라보며 관찰하고 기록한 파브르 곤충기와 같은 책입니다.

책을 쓰는 때가 지금이어서 참 다행입니다. 조금 더 젊었을 때 이 책을 썼다면 잘난 척이 덕지덕지 묻은 겉멋 가득한 글로 채워졌을 것 같습니다. 인생의 오후 6시를 지나고 있는 요즘은 저를 스쳐 지나가는 모든 것이 감사한 시기입니다. 한데 나란히 걷는 취미가 사랑스런 발레라니요. 책을 쓰는 동안 발레와 나란히 앉아 강변 유원지에서 오리 보트 타는 기분이어서 행복했습니다. 페달 돌리는 일 따위는 유쾌한 수고입니다. 흐뭇한 마음으로 준비한 이 책을 통해 더 많은 사람이 발레가 주는 기쁨과 감사와 행복을 함께 누릴 수 있다면 더 좋겠습니다.

책방을 지나다 이 책에 시선을 주시는 분께 감사하고, 이 책을 들어 들춰보는 분께 더 감사하고, 한동안 서서 읽어주시는 분께 더 감사하고, 옜다 하는 심정으로 책을 계산대로 가져가시는 분께 정말 감사할 것 같습니다.

CONTENTS

발레가 아닙니다

어른이 되어 취미로 발레를 배우는 것을 성인발레 혹은 취미 발레라고 합니다. 발레를 전공하지 않은 성인들이 발레를 배우기 시작한 것은 우리나라에서는 아무리 길게 잡아도 20년 전쯤 일 것 같고, 전공생이 아닌 성인들만 받는 취미발레 학원이 우리 주변에 생기기 시작한 것도 십수 년 전부터일 것 같습니다. 요즘 발레를 배울 수 있는 곳도, 발레를 배우는 사람들도 계속 늘어나고 있는데, 체감되는 증가세가 심상치 않습니다. 취미발레인들은 춤을 추고 싶어 발레를 배우기도 하고 운동 삼아 발레를 배우기도 합니다.

학원마다 선생님마다 각자 경험과 지식에 기반해 성인 수업의 내용을 결정합니다. 그래서 성인들의 발레수업 커리큘럼은 학원마다 선생님마다 매우 다양합니다. 대다수 학원의 수업 과정은 선생님들이 어려서부터 발레 전공생으로서 배워온 과정을 압축하고 편집해 성인이 경험해보도록 만든 것입니다. 즉 낮은 레벨의 기초 과정은 발레를 처음 접하는 어린이 대상 수업을 성인에 맞춰 수정한 것이라고 볼 수 있습니다.

하지만 성인들이 어떤 사람들입니까. 이 세상 모진 풍파를 맨몸으로 받아내었고, 크고 작은 전투에서 살아 돌아온 이들입니다. 그뿐인가요. 여전히 학원 밖에는 전투를 벌여야 할 적들이 있기에 높은 레벨의 전투력을 유지하고 있습니다. 자신은 물론이고, 가족과 친구, 연인까지도 챙기고 지켜야 하는 의무감까지 말하면 입만 아픕니다.

더욱이 뼈와 근육 곳곳에는 발레를 모르고 살아온 청년 시절의 상흔이 고스란히 남아 있을 것입니다. 성인이 되어 취미발레 학원을 찾은 이들은 대부분 발레를 배우러 오기 전에 골격과 근육에 아로새겨진 문신 같은 삶의 흔적을 털어낼 여유도, 이유도 없었습니다. 그냥 삶과 싸우다가 멈춘 상태 그대로 학원을 찾은 것이죠.

살아낸 삶의 길이만큼 각자 다양한 모양으로 굳고 비틀어지고 늘어지고 조여진 근육을 가지고 발레 학원에 모입니다. 하늘 아래 새로운 것은 없다고요? 적어도 성인발레 학원 선생님만큼은 신입회원을 만날 때마다 매번 새로운 체형을 만나왔을 겁니다. 각자 자신만의 라이프 스타일에 최적화된 습관적 움직임으로 인해 관절이 약해졌거나 상한 사람들도 많을 것이고, 근육의 이름이나 위치, 쓰임새 등등 해부학적 지식에도 익숙하지 않은 회원들이 대부분일 것입니다.

따라서 이런 성인들이 발레를 배우고 발레에 맞는 신체로 진화해 가면서 만나게 되는 장벽의 종류는 사람마다 제각각 다를 겁니다. 엄마 손을 잡고 학원을 찾은 어린이와는 달리 성인의 출발점은 '처음'이 아닌 것이죠. 출발점이 제각각인 만큼 발레인다운 근육을 만들기 위해, 관절들의 가동 범위를 극대화하기 위해 배우는 내용과 훈련하는 방법도 제각각 달라야 합니다.

성인은 몸뿐만 아니라 정신적인 면도 뻣뻣하고 딱딱합니다. 몸이 굳어 있다는 것은 많은 스트레스 때문에 긴장 상태에서 지낸 시간이 길었다는 의미입니다. 또 살아오면서 배운 전문 지식이 각자의 뇌 속 신경회로망을 제각각 다른 모양으로 세팅했을 것입니다. 각자 겪어온 삶의 경험이 다른 만큼 새로운 지식을 받아들이는 방식도 각자 다르기 때문에 같은 내용을 배워도 각자 해석을 곁들여서 자신만의 내용으로 번역해 받아들입니다. 발레를 배울 때도 그렇게 하겠죠.

발레 선생님은 호랑이를 알려주고 싶겠지만 선생님도 살아온 삶이 있다 보니 호피 무늬 바지라고 이야기하게 되고, 분명 선생님이 호피 무늬 바지라고 말씀하셨는데도 성인발레 수강생들은 검은 가죽 바지라고 듣고 나서는 검은 가죽 바지가 불러내는 기억 중 하나를 호출해 락가수 김경호를 떠올리게 됩니다. 결국 수업시간 내내 선생님은 호랑이, 나는 김경호인 것이죠.

이런 상황에서 근육의 쓰임새를 가르치고 배운다는 것은 참 어려운 일입니다. 또 배우는 데에서 그치지 않고 실제로 움직이기도 해야 하니 넘어야 할 산의 높이는 엄청납니다. 선생님은 근육을 올리라고 하는데 나는 근육을 내려 쓰는 일이 자주 일어납니다. 나는 분명히 근육을 올렸는데 선생님 보시기에는 근육을 내리고 있는 것이죠. 이때 답답해진 선생님이 혹시나 하는 마음에 근육을 내려보라고 하면 그때는 청개구리처럼 근육을 올려서 쓰기도 합니다. 선생님이 원하는 대로 회원이 근육을 올려서 쓰게 하려면 선생님의 생각과는 반대로 말해야 하기도 하죠.

선생님은 그제야 깨닫게 될 겁니다. '이 회원이 근육을 내려 쓰도록 하려면 올리라고 말해야 하는구나!' 하면서요. 성인들은 삶의 과정 속에서 이미 근육의 쓰임새를 나름대로 각자 세팅해 둔 것입니다. 또 대개는 근육 여러 개를 한꺼번에 움직이는 습관이 있어서 개별 근육을 움직이는 자체가 익숙하지 않습니다.

사람에 따라, 또 근육에 따라 필요한 가이던스는 다릅니다. 근육의 움직임 방향대로 촉각을 통해 알려주는 핸즈온이 도움이 되긴 합니다만 그룹 수업에서 충분한 핸즈온을 기대하긴 힘들죠. 대부분 취미발레인들은 발레 수업에서 선생님의 일반적인 가이던스나 코멘트를 '듣고' 나름대로 근육을 쓰면서 발레를 하게 됩니다.

발레 수업에서의 내 움직임이 이미 내 몸에 아로새겨진 움직임 습관에서 벗어나지 못해 발레와 맞지 않는다면 흔히 '쿠세'라고 부르는 안 좋은 발레 습관이 생기기도 합니다. 이렇게 생긴 안 좋은 습관은 정말 고치기가 어렵습니다. 게다가 그 습관을 고치지 못한 채 발레를 열심히 하면 할수록 내 몸은 발레와 멀어지게 되고요.

많은 취미발레인이 선생님과 소통의 문제로 어려움을 겪습니다. 이 책을 준비하면서 아이디어가 생길 때마다 발레 선생님들과 의견을 나누고 상의해봤지만, 단 한 번도 "오, 맞아요!"라는 피드백을 받아본 적이 없습니다. 그래서 역시 공학도가 발레 책을 쓰는 것은 무리라고 생각하게 되어 수없이 좌절했죠.

하지만 내용의 오류인지, 소통의 문제인지 확인할 필요가 있었습니다. 수업에서 지적을 받을 때마다 내 아이디어를 적용해 동작을 수정해봤을 때 '그렇지!' '맞아요' '좋아요' 같은 반응이 나오면 단순 소통의 문제라고 결론짓는 식으로 아이디어를 모아 나갔습니다.

선생님의 반복된 코렉션에도 계속 '틀렸다'는 지적을 받는다면 근육 세팅의 초기치가 '제로가 아니어서' 내 움직임이나 동작에 오류가 있다고 생각해도 좋습니다. 이때부터는 선생님이 근육을 올리라고 하면, 일부러 내려보기도 하고, 옆으로 당겨 벌어지게도 해보다가 '맞다'는 피드백이 나오는 순간을 잘 기억해둬야 합니다.

개인 레슨에서는 선생님들께서 맞춤형 코렉션을 주는 것이 가능할 수도 있습니다. 근육을 올려야 하는 경우에, 회원에게 근육을 내리라고 해야 회원이 근육을 올려서 쓴다는 것을 알고 있다면, 일부러 반대로 코렉션을 줄 수 있죠.

맞춤형 코렉션이 불가능한 상황에서는 회원 각자가 선생님의 코렉션을 해석해 받아들여야 합니다. 선생님이 근육을 올리라고 할 때, 나는 근육을 내리도록 명령해야 근육이 올라가는 사람임을 알고 있다면, 내 근육을 올리기 위해 실제로는 근육을 내리도록 노력해야 합니다. 그래야 근육을 올려 쓰게 되니까요. 선생님의 코렉션을 해석하기 위해 시도해볼 만한 후보 동작들을 찾는 데 이 책이 도움이 되리라 생각합니다.

발레를 접할 때 우리는 자신이 겪어온 세상에 대한 경험과 이미 갖고 있는 배경지식을 프레임 삼아 발레 지식을 받아들입니다. 같은 수업을 듣더라도 각자 머릿속에 떠올리는 수업 속 발레의 이미지는 제각각 다를 수밖에 없습니다. 너의 발레와 나의 발레가 다른 것이죠. 자신의 직업에 따라, 좋아하는 분야에 따라 각자 다른 발레를 그리고 있을지도 모릅니다.

그래서 남의 발레를 들여다보면 무척 재미있습니다. 불어를 공부한 사람의 발레는 어떤 모습일지, 광고쟁이의 발레는 어떤 모습일지, 아이들을 가르치는 선생님이 생각하는 발레는 어떤 모습일지, 아픈 사람을 치료하는 의료인들이 생각하는 발레는 어떤 모습일지 관찰하는 일은 내가 발레를 바라보는 방식을 더욱 풍성하고 독특하게 만들어주기도 합니다.

이 책은 중고등학교 시절 과학 공부에 깊이 빠졌다가, 이후 공학을 공부하면서 지금은 대학생들을 가르치며 학생들과 함께 지내는 사람이 생각하는 발레는 어떤 모습일지 보여주는 책입니다. 이 책의 부제처럼 '과학자가 보는 발레 세상'인 것이죠. 그러므로 이 책은 독자에게 발레를 가르치기 위한 목적이 아닌 제가 바라보는 발레를 대놓고 드러내기 위한 책이라고 생각해주세요.

이 책에 나오는 발레의 원칙들은 제게는 잘 적용되는 것들입니다. 이 책의 내용이 코끼리 다리라면 학원에서 선생님께 배우는 발레는 코끼리의 코일 것입니다. 또 다른 책이나 유튜브로 배우는 발레는 코끼리의 몸통쯤 될 것이고요. 조각조각 채워가며 발레가 어떤 모습인지 조금씩 알아가는 데 도움이 되기를 바라며 책을 썼습니다.

발레를 배우는 사람들 모두 발레에 대한 자신만의 이미지를 가져야 하며, 그 이미지는 지속적으로 수정되면서 보완돼야 합니다. 남들이 경험하는 발레를 들여다보는 경험은 자신의 발레에 대한 이미지를 더욱더 풍성하게 만들어줄 것입니다. 제가 바라보는 발레는 청개구리입니다. 항상 의도했던 움직임의 반대 움직임이 내 몸으로 나타나거든요. 그래서 선생님은 항상 제게 이렇게 말씀하세요. "아무것도 하지 마. 그래도 뭔가를 하고 싶다면 네가 생각하는 것의 정반대를 해. 그럼 맞아."

영화예술학과의 입시 실기고사 감독을 맡은 적이 있습니다. 입시 실기고사의 감독은 채점 위원과 학생들 사이에 부정한 신호가 오가는 것을 감시하는 역할을 맡습니다. 실기고사를 옆에서 지켜보기는 하지만 채점에 관여하지는 않죠. 실기고사가 진행되는 동안 외모가 언급되는 경우가 종종 있었고 당시 저는 감독으로서 불편한 마음이 들었습니다. 외모는 타고나는 것인데 노력을 평가하는 입시에서 점수화되는 것은 공정하지 않다고 생각했던 것이죠.

실기고사가 끝나고 고민 끝에 채점 위원께 외모도 점수에 들어가는 것이냐고 묻고 말았습니다. 오래 고민한 것이 허탈할 정도로 대답은 즉각적이고 간단했습니다. "그럼요! 배우를 뽑는 건데요." 예술 분야에 종사하는 사람들은 타고난 신체적 조건은 물론 영혼까지도 끌어모아야 할 만큼 절박한 마음으로 예술을 하고 있었던 겁니다. 타고난 신체 조건으로 인해 경쟁에서 배제되는 것이 불공정하다는 비판을 감수하면서도요.

러시아 발레 학교들은 입학생 선발장에서 어린 학생들의 관절을 이리저리 만져보고 움직여보기도 합니다. 특정한 자세를 취하도록 요청하기도 하고 팔, 다리, 상체, 심지어 웃는 표정까지도 평가해 발레 전공생을 선발합니다. 발레에 맞는 신체 조건은 발레를 배우기 위한 필수 조건입니다. 신체 조건이 발레에 적합하지 않으면 발레를 배우면 배울수록 몸에 무리를 주어 부상의 위험을 높이기 때문입니다.

발레 교육 시스템은 발레에 맞는 신체 조건을 타고난 사람들이 어려서부터 배워나갔을 때 성장이 끝날 무렵 무용수로 성장할 수 있도록 도와주는 교육 또는 훈련 체계입니다. 성장을 다 마친, 그것도 제각각의 형태대로 고정된 몸을 가진 성인들이 그들의 교육 시스템을 따라간다면 우리가 기대할 수 있는 결과는 예상과 크게 다를 수도 있습니다. 기억하셔야 합니다. 대다수의 취미발레인은 발레하기에 적합하지 않은 몸을 가진 사람들인 것을요. 어린 시절로 돌아가더라도 신체 조건이 맞지 않아 전공

발레를 시작할 수 없었던 사람들이 대부분입니다.

신체 조건을 타고난 사람들이 어려서부터 훈련 체계에 들어와 배우는 것이 발레라면, 신체 조건을 타고나지 못한 사람들이 성인이 되어 뒤늦게 시작한 것이 (엄격한 의미의) 발레일 수는 없습니다. 성인발레, 취미발레는 선생님들에 의해 편집된 발레, 발레로부터 영감을 받은 움직임 훈련 등을 의미하겠죠. 취미발레를 하면서 기대하는 것 중 하나는 발레를 전공한 사람들이 바워크 동작을 하면서, 센터워크 동작을 하면서 갖는 느낌이 어떤 것인지 느껴보는 것이 아닐까요?

하지만 취미발레를 오래 배우더라도 그것만큼은 불가능할 것 같습니다. 전공생이 하는 것은 '진짜 발레'니까요. 신체 조건의 차이는 둘째치고 전공생들에게 발레는 단순히 직업 훈련 과정의 일부가 아닙니다. 무용수에게 발레는 가슴에서 뛰고 있는 심장처럼 일단 그만두고 나면 자신의 생명을 잃는 듯한 느낌을 주는 대상입니다.

성인발레는 개개인에게 모든 다른 의미일테니 제각각 자신의 형편에 맞게 편집된 맞춤형 발레를 배우고 있다고 생각하면 어떨까요. 발레라는 이름은 발레가 생명이자 심장인 전공생들에게 양보하고 우리는 어른의 발레를 배우고 있다고 생각하기로 합시다. "취미가 발레라면서요?"라는 인사에 "발레가 아닙니다. 제 취미는 어른 발레입니다"라고 대답해봐도 좋을 것 같습니다. 거꾸로 전공생들은 성인들이 취미발레를 할 때 느끼는 이 벅찬 감격을 절대 알 수 없을 겁니다.

2. 플로어

바닥을 느끼세요

한껏 턴아웃 한 두 발로 플로어를 밟고 다리를 곧게 폅니다. 승모근을 열십자로 펼쳐내어 등을 단단하고 평평하게 유지합니다. 이제 고개를 옆으로 돌려도 반대편 어깨는 딸려오지 않고 제자리를 지키고 있습니다. 가슴이 들리지 않게 조금 들이마신 숨으로 상체를 살짝 들어줍니다. 올라간 상체는 그대로 둔 채 숨이 스르르 빠져나가도록 둡니다. 다시 숨을 살짝 들이마시며 상체를 한 번 더 살짝 들어줍니다. 다시 상체는 그 위에 잡아두고 숨을 놓아줍니다. 이렇게 호흡을 반복하는 동안 내 상체는 조여지며 단단해지고 길어집니다. 음악을 기다립니다.

피아노 소리를 들으며 하나, 둘, 셋, 넷. 이제 움직이기 위해 다시 약한 숨을 들이마시며 살짝 들리는 상체를 느낍니다. 동시에 해야 할 일이 있습니다. 두 발로 플로어를 살짝 눌러줘야 합니다. 이렇게 플로어를 느끼는 과정은 취미발레에 갓 입문한 초보자도 할 수 있습니다. 지금 발로 딛고 선 탄성마루라고 불리는 바닥에 대해 알게 되면 조금 더 쉽게 바닥을 느낄 수 있습니다.

탄성은 물체가 원래 모습을 복원하려는 성질입니다. 원래의 형태가 있고, 외부 자극이나 충격에 의해 형태가 바뀌지만, 곧 원래 모습으로 회복한다면 탄성이 있는 물체입니다. 반대로 외부 자극이나 충격에 의해 형태가 바뀌지 않는 시멘트 바닥은 탄성이 없는 것이고요. 발자국이 그대로 남는 모래사장도 원래대로 회복되지 않으니 탄성이 없습니다.

탄성이 좋고 널찍한 물건을 주변에서 찾아보면 침대 매트리스가 눈에 들어옵니다. 사람이 누우면 몸의 형태에 맞게 눌렸다가 사람이 일어나면 원래대로 평평하게 펼쳐지죠. 어릴 때 침대 위에서 팡팡 뛰어본 기억을 되살려보면 매트리스의 탄성이 점프에도 도움이 됐던 것 같습니다. 어느 브랜드의 침대 광고를 보니 아무리 세게 뛰어도 바로 옆에 누운 사람에게 흔들림이 전달되지 않던데 그것도 신기하고요.

침대 매트리스를 넓게 깔아놓으면 발레 학원의 탄성 플로어와 비슷할까요? 그렇지는 않습니다. 플로어 위에 얇은 고무매트가 깔려 있기는 하지만 고무매트의 푹신함은 매트리스의 푹신함에 한참 못 미칩니다. 매트리스가 훨씬 푹신하죠. 고무로 망치까지 만드는 것을 보면, 고무는 사실 그렇게 푹신한 물질은 아닐지도 모릅니다. 발레 학원의 플로어를 고무 매트로 마감하는 것은 어쩌면 충격을 흡수하기 위해서라기보다는 미끄러운 정도를 조절하기 위해서일지도 모르겠습니다.

굳이 발레 학원의 플로어를 매트리스로 만들자면 아주 널찍한 침대 매트리스를 바닥에 깔아놓은 다음 그 위에 넓은 합판을 빈틈없이 깔아놓은 구조와 비슷합니다. 학원 바닥의 면적만큼 아주 큰 매트리스가 있다고 생각하고 그 위에 같은 크기의 합판을 올려놓았다고 생각하면 됩니다. 다만 침대 매트리스로 만든 플로어는 발레 학원의 플로어보다 훨씬 두껍고 푹신할 것입니다. 너무 푹신해서 매트리스로 만든 플로어 구석에서 누군가 점프하면 매트리스 위에 올린 합판이 일시적으로 기울어지기도 할 것이고요.

플로어라고 부르는 발레 학원 바닥을 자세하게 뜯어봅시다. 2~3밀리미터 정도 두께를 가진 고무판을 들어내면 넓게 이어진 나무 합판 바닥이 나옵니다. 여러 장의 합판을 이어 붙였지만 마치 한 장의 합판처럼 잘 연결하거나 서로 진동이 전달되도록 딱 이어 붙여야 합니다. 평평한 바닥을 만들기 위해서 합판끼리 잘 연결하는 것은 매우 중요합니다. 합판 사이의 이음새에 턱이 생기면 춤을 추다가 발끝이 걸려 넘어져 다칠 수도 있습니다. 만약 합판들이 딱 이어 붙지 않은 채 바다 위 고깃배처럼 따로따로 움직이면 플로어로서의 이점이 줄어듭니다. 플로어에 쓰이는 합판은 한장 한장의 크기가 크면 클수록 설치하기는 힘들겠지만, 기능적으로는 좋아집니다.

합판 아래에는 목재로 만들어진 격자 틀이 있습니다. 바닥 전체에 바둑판 모양으로 격자 틀을 설치해서 기초를 잡고 그 위에 합판을 올리는 구조입니다. 이 때 격자 구조물과 합판 사이에 탄성을 줄 재료를 끼워 넣어야 합니다. 이 격자 틀과 합판 사이에 고무 재질의 완충재를 설치해서 탄성을 확보합니다. 고무 완충재 대신 철사로 만들어진 스프링이나 목재를 덧대어 만든 판

스프링을 쓸 수도 있겠습니다만 고무 완충재보다는 시공이 더 까다로울 것입니다.

격자 틀은 목재로 만들기 때문에 시멘트 바닥보다는 약간이나마 더 탄성이 있고, 또 격자 틀을 놓음으로써 바닥의 수평을 더 잘 잡을 수 있습니다. 또 의도하는 바가 있다면 프랑스 파리 가르니에 극장 무대처럼 바닥을 기울이는 것도 가능하겠습니다. 여담이지만, 만약 이렇게 기울어진 바닥을 가진 학원이 있다면 그 또한 멋질 것 같지 않습니까! 가르니에 극장에 가서 발레하는 기분도 조금은 느껴질 것 같으니까요.

플로어와 침대 매트리스를 비교해보면, 가장 큰 차이점은 플로어는 탄성체 위에 넓은 합판을 깔아 단단한 면으로 마감했고, 매트리스는 푹신한 면을 그대로 노출했다는 것이겠죠. 그래서 침대 매트리스와 발레 플로어의 탄성은 다르게 작용합니다. 침대 매트리스의 경우 사람이 누우면 표면의 형태가 바뀌고 그 사람이 매트리스에서 내려오기 전에는 원래 형태대로 복원되지 않습니다. 발레 플로어의 경우 어느 한 부분에 압력이 가해지면 합판을 통해 모든 탄성체에 그 압력이 분산되고 표면의 형태가 바뀌지 않습니다. 그래서 플로어 위에서 움직일 때는 푹푹 빠지는 느낌이 들지 않고 통통 튀는 느낌이 듭니다.

체조경기 종목 중 도마 경기에서는 플로어와 매트리스를 함께 볼 수 있습니다. 도마 경기는 도움닫기로 빠르게 달려온 선수가 디딤판을 딛고 도약해 화려한 동작을 보인 후 착지하는 경기입니다. 도마 종목의 디딤판은 판스프링으로 되어 있습니다. 표면은 나무 재질 그대로 딱딱하지만 구조적으로 탄성을 갖도록 만듭니다. 리듬감 있게 힘껏 밟고 뛰어오르면서 도약에 도움을 받는 것이죠.

반면 착지하는 곳에는 두꺼운 매트리스를 겹겹이 쌓아놓습니다. 높은 곳에서 돌고 떨어지는 선수의 낙하 속도를 점진적으로 줄여줘서 착지할 때 다치지 않도록 도와줍니다. 도약하는 디딤판과 착지하는 매트리스는 모두 탄성을 이용한다는 공통점이 있지만 구조가 다르고 기능도 다릅니다. 디딤판은 단단한 표면을 가졌고 단단한 표면 아래 탄성을 갖는 구조로 만들어져 있습니다. 반면 매트리스는 딱딱한 바닥에 깔아놓는데 탄성을 가진 면이 위로 올라옵니다. 이 구조의 차이가 도약력을 주는 기능을 할 것인지, 충격을 흡수하는 기능을 할 것인지를 결정합니다.

플로어의 기능은 매트리스보다는 디딤판에 가깝습니다. 체조의 도마 경기는 착지하면 경기가 끝납니다만, 발레는 착지와 도약 동작이 계속 연결돼 이뤄집니다. 앞 동작의 착지는 다음 동작을 위한 도약과 바로 연결됩니다. 만약 매트리스 위에서 발레를 한다고 생각한다면 계속 박자를 놓쳐서 동작이 밀리고 늘어지게 될 것이고, 객석에서 보면 진득한 진흙밭에서 움직이듯 꿀렁꿀렁하게 보일 겁니다.

움직임에서 운동량이라는 물리량은 항상 일정하게 유지됩니다. 운동량은 질량과 속도를 곱해서 얻어지죠. 우리가 흔히 말하는 '힘'이라는 물리량은 이 운동량을 시간에 대해 미분한 값입니다. 운동량이 변하는 속도가 힘인 것이죠. 따라서 운동량이 변하려면 외부에서 힘이 가해져야 하고, 외부와 힘을 주고받지 않는 이상 운동량은 일정하게 유지됩니다. 접촉하는 물체끼리는 운동량을 주고받기도 합니다. 굴러가던 당구공이 다른 당구공과 충돌하면서 제자리에 멈추면, 부딪힌 당구공이 같은 속도로 움직이는 것이 좋은 예입니다. 당구공끼리 운동량을 주고받으며 보존해가는 것이죠.

가만히 서 있던 무용수가 위로 솟아오르려면 바닥이 무용수를 밀어줘야 합니다. 바닥은 무용수가 바닥을 누른 만큼의 힘으로 무용수를 밀어 올려줍니다. 즉 무용수가 무릎을 굽혀가며 힘껏 바닥을 박차면 바닥은 움직이거나 밀리지 않고 그 자리에서 버티면서 무용수를 밀어 올려줍니다. 즉 무용수는 바닥을 눌러 플로어의 운동량을 만들어내고 플로어는 그 운동량을 탄성체에 잠깐 보관했다가 다시 꺼내서 다시 무용수에게 전달합니다. 바로 그 힘으로 무용수가 도약하는 것이죠. 힘이 됐든, 에너지가 됐든, 운동량이 됐든 플로어와 무용수가 마치 바통 주고받듯 주고받으며 움직임을 만들어내는 것이죠.

이렇게 플로어를 박차고 도약한 무용수가 50센티미터 높이까지 점프하고 나면 이후에는 자유 낙하합니다. 50센티미터 높이에서 땅으로 떨어지는 시간은 대략 0.32초 정도 걸리고, 땅에 닿는 순간에 수직 방향 속도는 초속 3.2미터가 됩니다. 이 속도를 우리에게 익숙한 시속으로 바꿔보면 시속 11.5킬로미터입니다. 보통 사람의 걸음걸이보다 세 배 정도 빠른 속도입니다. 운전할 때 이 속도를 내보면 어느 정도 속도인지 느낄 수 있을 겁니다.

무용수의 몸무게가 50킬로그램이라고 하면 속도 3.2m/sec에 몸무게 50킬로그램을 곱해서 160kg·m/sec 정도의 운동량을 갖게 됩니다. 내 발이 플로어에 닿기 직전에 이 정도 운동량을 갖게 되는 거죠. 플로어에 발이 닿는 순간부터 무용수는 속도를 줄여서 멈추게 됩니다. 이미 발이 바닥에 닿은 무용수의 속도를 줄인다는 것을 이해하기 힘들 수도 있습니다. 이미 착지하여 멈춘 발의 속도는 0이기 때문입니다.

하지만 몸의 무게 중심이 멈추기 전에는 진짜 멈춘 것이 아니죠. 일단 명치와 배꼽 사이 어딘가에 몸의 무게 중심이 있다고 생각하면 됩니다. 무용수의 발이 바닥에 닿아도 무게 중심은 계속 낙하하며 움직입니다. 발은 바닥에 닿았고 무게 중심은 계속 내려오니 다리를 굽혀 쁠리에(plié) 하며 속도를 줄이게 됩니다. 무게 중심마저 움직임을 멈추게 되면 무용수의 운동량은 비로소 0이 됩니다. 이 운동량은 보존되는 물리량이므로 사라지지 않고 접촉한 물체로 옮겨가고 총량은 유지됩니다. 이 경우 무용수의 운동량이 플로어로 옮겨지고, 그 운동량만큼 플로어가 바닥 쪽으로 밀려 이동하면서 움직이게 됩니다.

침대 매트리스에서 뛸 때 충격이 덜 한 이유는 무용수의 속도가 줄어드는 시간이 딱딱한 바닥에 비해 길기 때문입니다. 매트리스가 눌리는 시간 동안 운동량이 비교적 서서히 감소하므로 충격량은 줄어듭니다. 반면 딱딱한 바닥의 경우 시속 11.5킬로미터로 낙하하는 물체의 속도가 0이 될 때까지 걸리는 시간은 아주 짧습니다. 순간적으로 속도가 줄어들죠. 플로어의 경우 매트리스와 비교했을 때 상대적으로 단단해서 무용수의 속도가 줄어드는 시간이 꽤 짧습니다. 어느 정도 탄성이 있으니 시멘트 바닥보다는 낫겠지만 말이죠.

운동량은 질량과 속도의 곱이므로 플로어의 무게가 무거우면 무거울수록 작은 속도로도 무용수의 운동량을 받아낼 수 있습니다. 플로어의 무게가 무용수의 몸무게의 10배인 경우 무용수가 낙하하는 속도의 1/10의 속도로만 플로어가 움직여주면 그 운동량을 다 받아줄 수 있죠. 플로어는 무용수의 운동량을 속도가 아닌 플로어의 큰 질량으로 받아주는 겁니다.

착지할 때 생기는 무용수의 운동량 변화를 충격량이라고 합니다. 무용수가 수많은 발레 동작을 소화해야 하는 플로어는 무게가 무거워 상대적으로 느린 속도로 밀려도 충분한 충격량을 받아낼 수 있습니다. 풀장에서 수면을 손바닥으로 내리쳐도 수면 전체가 그리 크게 요동치지 않는 것과 비슷합니다.

다르게 설명하면 무용수가 착지하면서 바닥에 주는 충격을 플로어는 플로어 전체로 분산해 받아냅니다. 따라서 무용수의 점프로 인한 울림이 플로어 반대편으로 전달되는 것은 당연합니다. 플로어는 아주 잔잔한 파도가 출렁이는 바다 같은지도 모르겠습니다. 실제로 센터워크 시간에 바닥을 통해 전달되는 발레 메이트의 점프의 충격을 발바닥으로 다 느낄 수 있죠. 힘껏 뛰어도 옆에서 잠자는 데 지장이 없는 침대 매트리스의 광고를 생각해보면 매트리스와 플로어의 큰 차이는 바로 충격을 흡수하는 방식일 겁니다. 매트리스는 충격을 분산하지 않고, 플로어는 분산시키죠.

종합해 설명하면, 무용수가 플로어에 전하는 충격량은 합판 아래 탄성을 가진 고무 완충재가 눌리면서 에너지의 형태로 저장됐다가 고무 받침대가 원래 모양대로 펴지면서 다시 플로어가 무용수를 밀어줘 무용수가 도약하는 데 도움을 줍니다. 물론

이 에너지를 사용하기 위해서는 박자가 잘 맞아야 하죠. 내 옆에서 춤추는 무용수가 점프해서 착지했을 때 고무 받침대가 한껏 눌렸다가 이제 펴지려는 찰나에 내가 착지하게 되면 올라오는 바닥과 충돌해 더 큰 충격을 받습니다. 이런 경우는 탄성 플로어가 맨바닥보다 못한 경우가 되는 것이죠.

무용수가 주는 충격을 플로어 전체로 받아내고 있다면 바닥이 울리지 않게 점프하라는 선생님의 코멘트는 비과학적인 것일까요? 지능형 플로어가 있다고 가정해보죠. 무용수가 착지할 때 그 부분의 플로어가 적당한 가속도로 쑤욱 밑으로 꺼지고, 무용수가 도약하려고 할 때 쑤욱 튀어 올라와서 무용수의 발바닥을 밀어주는 거죠. 기가 막힌 템포로요. 바닥이 들쑥날쑥하며 무용수의 움직임을 도와주는 지능형 플로어가 있다면 센터 워크 동작을 하는 데 큰 도움이 될지도 모릅니다. 이 지능형 플로어는 반대로도 동작할 수 있을 겁니다. 착지하려고 할 때 불쑥 솟아오르고, 도약하려고 할 때 푹 꺼지는 식으로요. 대개의 경우 이런 청개구리 플로어 때문에 짜증 나겠지만 공연에 잘 사용하면 재미있는 작품을 연출할 수도 있을 것 같습니다.

어쩌면 우리는 이러한 지능형 플로어를 이미 봤을지도 모르겠습니다. 바로 무용수의 쁠리에 동작을 통해서 말이죠. 쁠리에 동작을 하면 착지할 때는 하체가 밑으로 꺼지면서 몸을 받아주고, 도약할 때는 솟으며 몸을 밀어줍니다. 내 몸은 상체뿐이고 쁠리에를 하는 하체는 지능형 플로어의 일부라고 상상해보세요. 내 몸을 지능형 플로어가 부드럽게 받았다 던졌다 하면서 멋지게 춤추는 것처럼 보일 겁니다.

플로어는 사실 단단하게 받쳐주면서 아주 약간의 탄성으로 도약과 충격 흡수를 도와주면 제 역할을 다하는 겁니다. 만약 플로어가 매트리스처럼 푹신한 탄성을 가졌다면, 기대와는 반대로 작동하는 지능형 안티 플로어 같을 겁니다. 솟아서 밀어줘야 할 때도 여전히 가라앉고 있을 테니까요. 클래스 시간에 바닥이 울리지 않게 착지하라는 선생님의 코렉션은 바로 쁠리에로 충격을 대부분 해결하라는 의미인 겁니다. 천연 지능형 플로어를 쓰라는 얘기죠.

플로어는 기본적으로 딱딱한 바닥입니다. 다만 한 장으로 잘 연결돼 있어 충격을 분산해주고 있는 것이죠. 좁은 구역으로 보면 아주 약간의 탄성이지만 분산된 탄성을 모두 모으면 꽤 큰

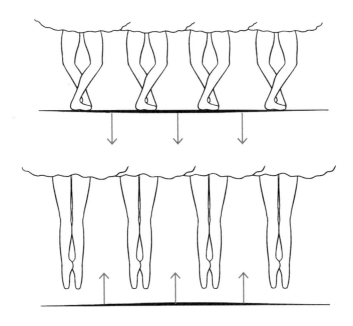

탄성이 생기는 원리입니다. 또 여러 장르의 공연을 올리는 다목적 공연장에서 무용 공연에서만 필요한 탄성 플로어를 영구적으로 설치해둘 수 없다는 것도 문제입니다. 그래서 무용 공연이 있을 때만 모듈식으로 규격화된 패널 여러 장을 이어 붙여서 플로어를 만들죠. 이때는 인접한 플로어 패널끼리 나사로 단단히 고정해 충격을 분산할 수 있도록 해줍니다. 플로어는 하나여야 하니까요.

플로어를 느끼라는 이야기는 플로어를 통해 내 움직임을 느끼라는 이야기일 겁니다. 플로어를 통해 내 움직임뿐만 아니라 다른 무용수들의 움직임도 함께 느낄 수 있다는 것은 멋진 일입니다. 객석에서 무대를 볼 때 무용수와 함께 춤추듯 파도치는 플로어도 보고, 플로어와 박자를 맞춰 움직이는 무용수들의 쁠리에도 발견할 수 있다면 감동은 더 커질 겁니다.

무릎을 펴고 싶어요

어른이 되어 발레를 처음 배우면 '나는 똑바로 서지도 못하는 사람이었나' 하는 자괴감이 들기도 합니다. 분명 똑바로 섰는데 재차 똑바로 서라고 하니 미칠 지경입니다. 엉덩이는 평소보다 뒤로 빼야 하고 상체는 평소보다 앞으로 내밀어야 하는 것 같아 그대로 열심히 흉내 내어보지만 그것도 아니라고 합니다. 온몸에 힘주고 빳빳하게 서 있어도 옆에서 슬쩍 건드리기만 하면 쉬이 균형을 잃고 결국 발을 옮기게 됩니다. 몸에 힘을 잔뜩 주고 서 있으니 관절도 아프고 땀이 줄줄 흐를 정도로 힘들어서 무척 운동이 됩니다. 그런데 이렇게 몸에 힘을 잔뜩 주고 서 있으면 가볍게 움직일 수 없습니다.

　서는 것이 움직임의 시작이라는 것을 생각하면, 쉽게 움직일 수 없는 자세는 바르게 선 자세는 아닙니다. 용수철처럼 탄력 있는 준비 자세로 똑바로 설 수 있으면 좋겠다고 생각해봅니다. 모든 관절을 펴고 빳빳하게 서 있다가도 음악과 함께 힘차게 움직이기 시작하는 것이 발레의 매력이니까요.

질량과 무게는 다른 개념입니다만, 지구에서는 질량과 무게가 같은 값을 갖습니다. 따라서 필요한 경우가 아니면 굳이 구별하지 않아도 좋습니다. 질량이든 무게든 익숙한 단어를 쓰면 됩니다. 형체가 고정돼 겉모습이 변하지 않는 고체 상태의 물체는 일정한 무게 중심을 갖습니다. 한 물체의 무게 중심은 한 손가락으로 그 물체를 받칠 수 있는 균형점이기도 하고 움직임을 파악하는 기준점이 되기도 합니다.

물체가 움직이는 궤적을 찾고 싶을 때는 무게 중심의 위치를 추적하면 됩니다. 무게 중심 위치에 물체의 모든 질량이 집중된 것처럼 생각하고 움직임을 추적할 수 있습니다. 즉 물체의 움직임을 따질 때만큼은 물체를 무게를 가진 점으로 생각해도 좋습니다. 그 점의 위치가 바로 물체의 무게 중심인 것이고요.

가령 사람의 무게 중심은 명치와 배꼽 사이 몸속 어딘가에 위치합니다. 그리고 사람의 움직임을 관찰할 때 무게 중심의 위치 변화에 집중하면 궤적을 명확하게 알 수 있습니다. 물리학에서는 속도와 속력도 구분해서 쓰는 개념이지만 이 책에서는 구분하지 않겠습니다.

사람의 몸은 3차원 공간에 존재하고 그 부피를 받치는 것은 2차원 바닥과 접한 발바닥입니다. 중력 때문에 사람은 바닥에 붙어 지내야 하고, 3차원 공간에 존재하는 몸의 무게가 2차원 발바닥 면적에 압축돼 땅을 누르고 있습니다. 몸이 발바닥을 통해 땅에 압력을 주고 있고, 몸에 무게 중심이 존재하듯 발바닥에도 그 압력의 중심이 존재합니다.

사람의 무게 중심은 공중에 둥둥 떠 있고, 사람이 바닥을 누르는 압력의 중심은 발바닥 어딘가에 위치합니다. 이 무게 중심과 발바닥의 압력 중심의 상대적 위치에 따라 균형을 잃기도 하고 안정적으로 서 있기도 합니다. 압력 중심의 수직선상 위에 무게 중심이 위치하면 안정적으로 서 있을 수 있고, 압력 중심을 지나는 수직선상에서 무게 중심이 많이 벗어나면 몸도 결국 균형을 잃고 넘어지게 되니 재빨리 발의 위치를 옮겨 압력 중심을 무게 중심 아래로 가져가서 균형을 잡아야 합니다.

균형을 잃고 넘어지기 직전에는 회전력을 경험하게 됩니다. 물리학에서는 모멘트 또는 능률이라고 부릅니다. 같은 무게를 가진 물체라도 무게가 어떻게 분포되는가에 따라 모멘트값은 달라집니다. 책장을 밀어서 쓰러뜨린다고 할 때, 책장의 맨 위 칸만 책으로 채워진 책장이 맨 아래 칸만 책으로 채워진 책장보다 넘어뜨리기 쉽습니다. 모멘트가 커서 회전력이 쉽게 생기기 때문이죠.

몸을 꼿꼿하게 세운 뒤 똑바로 서서 몸을 앞으로 기울이면 발가락이 눌리고 뒤꿈치가 바닥에서 뜨게 됩니다. 반대로 몸을 뒤로 기울이면 뒤꿈치가 눌리고 발가락이 바닥에서 뜨게 됩니다. 이 과정을 반복하면 마치 오뚝이처럼 몸이 흔들흔들 움직이게 됩니다. 회전력이 커졌다 작아지는 과정을 반복하는 상태입니다.

그러다가 기울이는 각도를 더 크게 하면 다시 회복하지 못하고 넘어지거나 넘어지지 않기 위해 발의 위치를 무게 중심 아래로 옮기게 되죠. 즉 몸의 무게 중심이 발바닥의 압력 중심 위에

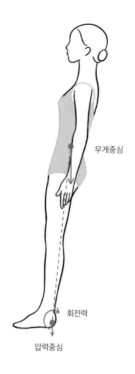

무게중심

회전력

압력중심

몸을 뒤로 기울일 때 변화

있으면 안정적으로 서 있을 수 있습니다. 하지만 무게 중심이 압력 중심 상공에서 크게 벗어나면 압력 중심 주변에 회전력이 발생하고 버틸 수 있는 한계를 벗어나면 결국 넘어지게 됩니다. 사람이 넘어지는 원리를 이렇게 무게 중심과 압력 중심의 관계로 설명할 수 있죠.

긴 막대 위에 접시를 놓고 접시 돌리기를 할 때 막대기가 수직으로 서 있으면 접시는 안정적으로 돌게 되고, 막대기가 기울어지면 접시가 떨어지게 됩니다. 접시가 무게 중심, 막대기를 잡고 있는 손이 압력 중심이라고 생각할 수 있습니다. 막대기가 무게 중심과 압력 중심을 잇는 선이 되는 셈이니 무게 중심이 압력 중심 상공에서 벗어나면 막대가 기울어집니다.

사람의 하체도 바로 무게 중심과 압력 중심을 잇는 선이니 접시 돌리기의 막대와 같다고 보면 됩니다. 기울어지면 넘어지죠. 접시 돌리기의 막대나 사람의 다리나 압력 중심 위에 수직으로 서 있으면 안정적입니다.

사람은 두 발로 서기 때문에 조금 더 복잡하게 보일 수 있습니다. 막대 두 개로 접시를 돌리는 것과 비슷하니까요. 하지만 네 발로 서는 것보다는 간단할 테니 다행입니다. 두 발로 서 있을 때 압력 중심은 두 발 사이 어딘가에 오게 됩니다. 또는 각 발바닥 아래 하나씩 두 개의 압력 중심이 있다고 생각해도 좋습니다. 어차피 걷거나 뛰거나 움직일 때 한 발은 공중에 떠 있고 다른 한 발만 땅을 딛는 경우가 많으니까요.

압력 중심 위에 안정적으로 무게 중심을 두는 방법은 이족 보행 로봇 연구에서도 심도 있게 다뤄지는 주제입니다. 로봇이 움직이면 무게 중심도 흔들리게 마련입니다. 로봇이 움직여 무게 중심이 압력 중심 상공에서 앞뒤로 움직일 때 발걸음을 옮겨 압력 중심이 무게 중심을 따라 움직이도록 하는 것이 이족 보행 로봇이 넘어지지 않도록 만드는 기본 원리입니다. 사람이 걷고 뛰고 움직이는 것을 잘 관찰하고 원리를 발견해 기계로 구현하는 것이죠.

로봇이 넘어지지 않게 만드는 비결은 압력 중심을 발바닥 가운데로 유지하는 것입니다. 로봇의 압력 중심이 발가락 쪽이나 뒤꿈치 쪽에 있으면 앞이나 뒤로 넘어지려는 회전력이 발생

상체를 수직으로 세우기 위해 무릎을 굽힌 〈아시모〉

합니다. 로봇공학자들은 연구 끝에 큰 비용을 들이지 않고도 압력 중심을 발바닥 가운데에 두는 방법을 찾았습니다. 바로 로봇의 무릎을 굽히는 것이었습니다.

　이족 보행 로봇의 움직임을 살펴보면 무릎을 굽혀 서고, 무릎을 굽힌 채로 움직입니다. 몸통을 수직으로 세우면서도 무게 중심이 지나치게 뒤로 쏠리지 않도록 한 신의 한 수입니다. 무릎을 굽히면 허벅지와 종아리가 앞으로 나오는 만큼 무게 중심이 앞으로 이동하게 되고 자연스럽게 로봇 상체에 가해지는 회전력을 없앨 수 있습니다.

　무릎을 굽히고 걷는 로봇의 모습은 무척 귀엽지만, 발레를 하기 위한 자세로는 낙제점이라 할 수 있습니다. 무릎을 구부린 상태로 발레를 할 수는 없거든요. 이족 보행 로봇에게 발레를 시키기 위해 무릎을 펴게 하는 일은 역학적으로 또 다른 단계를 뛰어넘어야 하는 도전 과제입니다.

무게 중심과 압력 중심의 관계에 대해 익숙해졌을 테니 실제로 자신의 몸으로 실험을 해봅시다. 힘을 빼고 서보면 자연스럽게 무게 중심을 압력 중심 위에 놓게 됩니다. 에너지를 절약하는 방법이죠. 압력 중심은 발바닥 중앙 발등고 아래, 즉 발바닥 아치의 정점 근처가 됩니다.

따라서 무게 중심을 압력 중심 수직선상에 두면 몸은 전체적으로 약간 앞으로 기울게 됩니다. 바닥과 몸통이 이루는 각도는 90도보다 약간 작은 80~85도 정도의 예각이 되고요. 이렇게 하면 몸의 무게 중심이 압력 중심을 누르는 방향은 수직 방향이 됩니다. 실제로 직접 서서 몸통에 힘을 주지 않고 편하게 서는 각도를 찾아보면 몸이 약간 앞으로 기우는 것을 확인할 수 있습니다.

이제 무게 중심과 압력 중심이 번갈아 언급될 텐데 헷갈릴 수도 있습니다. 무게 중심이 나오면 배꼽, 압력 중심이 나오면 발바닥 중앙을 떠올리는 연상법을 쓰면 도움이 될 겁니다. 발레에서는 발목의 각도를 90도로 세워서 몸의 무게 중심이 뒤꿈치 위쪽으로 오도록 평상시보다 살짝 뒤로 기대어 서게 됩니다. 무게 중심이 압력 중심의 상공에서 약간 벗어나 뒤쪽으로 치우치게 되죠.

누군가 몸통을 뒤로 살짝 쳤을 때 보통 사람이라면 이 자세를 유지하지 못하고 무너지게 됩니다. 더 정확히 얘기하면 뒤꿈

발레 배우기 전

발레 배우고 나서

치를 회전축으로 해서 뒤쪽으로 넘어집니다. 압력 중심과 무게 중심이 사선 방향으로 위치하게 되어 뒤로 넘어지려는 회전력이 생기기 때문이죠.

무게 중심을 뒤쪽으로 보내고 나서도 무너지지 않도록 단단히 서려고 하면 코어 쪽에 힘이 들어가게 됩니다. '발레에선 코어가 중요하다고 하더니 역시!' 하고 감탄하기는 이릅니다. 그건 뒤꿈치를 눌러서 서 있는 것에 불과합니다. 이건 압력 중심을 나도 모르게 뒤꿈치 쪽으로 옮겨와서 무게 중심 아래 둔 것입니다. 접시 돌리기 할 때처럼 말이죠.

이때 발가락이 힘없이 공중으로 뜨는 느낌이 들고 뒤꿈치가 눌리는 느낌이 들 겁니다. 이런 동작이 반복되면 족저근막염을 만나게 됩니다. 뒤꿈치에 압력 중심을 두면 무엇보다 움직이기 힘들고, 발에 있는 아치 구조를 효과적으로 사용할 수 없습니다. 다시 압력 중심을 발의 아치 부근으로 옮겨놓아야 합니다.

일단 발가락이 뜨면 우리 몸은 균형을 잡기 위해 몸을 지그재그로 앞뒤로 밀고 당기면서 허리를 꺾고 갈비뼈를 열고 고개를 뒤로 젖히게 됩니다. 그 과정을 조금 자세히 들여다보겠습니다. 뒤꿈치를 누르면 발가락이 들립니다. 이 때 뒤로 넘어가려는 몸을 정강이 근육을 써서 당기다 보니 정강이 앞면과 옆면이 뭉칩니다. 뭉친 정강이 근육은 무릎을 당기므로 무릎을 굽히게 되고요.

무릎을 굽히면 스쿼을 할 때처럼 앞허벅지를 많이 쓰게 되어 앞허벅지는 긴장하게 되고 허벅지 뒤가 늘어집니다. 허벅지 뒤가 엉덩이를 받쳐주지 못하니 엉덩이가 처지면서 좌골을 아래로 당깁니다. 그러면 처진 엉덩이를 끌어올려보겠다고 골반을 앞으로 내밀게 되죠.

앞으로 내민 골반을 보상해 균형을 잡으려고 허리를 뒤로 꺾어 상체를 뒤로 밉니다. 허리를 꺾으면 몸의 균형이 뒤쪽으로 치우치게 되고, 이때 몸의 균형을 앞쪽으로 가져오려고 배를 내밀게 됩니다. 배를 내밀면 앞으로 쏟아질 것 같으니 머리를 뒤로 젖혀서 균형을 맞추려고 합니다. 머리를 뒤로 젖히면 턱이 들리게 되고, 뒤로 젖힌 머리의 균형을 맞추기 위해 견갑골을 앞으로 당기면 결국 어깨도 앞으로 말립니다. 어깨가 말리면 가슴도 열리게 됩니다.

따라서 무게 중심을 살짝 뒤쪽으로 옮겨오면서도 압력 중심은 발 아치 아래에 둘 수 있어야 발가락을 바닥에 밀착시킨 채로 똑바로 설 수 있습니다. 또 발의 구조상 압력 중심은 아치 아래에 있는 것이 바람직합니다.

사람의 몸에는 발과 골반, 두 곳에 아치 구조가 있습니다. 아치 구조는 중력에 의해 눌릴수록 더 단단해지는 구조여서 무게를 견디기에 매우 효과적입니다. 특별히 힘을 쓰지 않고도 무거운 무게를 받칠 수 있죠. 발에는 길이 방향으로 두 개, 폭 방향으로 한 개, 이렇게 모두 세 개의 아치 구조가 있습니다. 발 아치들의 정점은 발의 중심부에 있기 때문에 가능한 한 압력 중심을 발의 중심에 둬야 아치 구조를 잘 활용할 수 있습니다. 따라서 압력 중심을 뒤꿈치로 옮기는 것은 발의 아치 구조를 활용하지 못한 동작이므로 적절하지 않습니다.

몸을 똑바로 수직으로 세우면서도 압력 중심을 발 아치 중심에 두는 방법은 발레를 배우면서 자연스럽게 익히게 됩니다. 이에 대한 접근법도 선생님마다 제각각 달라 또 하나의 방법을 여기에 얹는 것은 큰 의미는 없을 듯합니다. 무엇보다 이 책의 방향과도 다소 어긋나는 것 같으니 이쯤에서 마무리하고자 합니다. 다만 과학적인 관점에서 참고가 될 만한 것들만 몇 가지 적어보겠습니다.

발바닥 아치의 압력 중심에 압력이 가해지는 방향은 수직이 아니라 비스듬히 기울어진 사선 방향입니다. 무게 중심이 압력 중심보다 뒤쪽에 있기 때문에 무게 중심과 압력 중심을 직선으로 연결하면 비스듬하게 기울어진 선이 될 것이고 이 사선을 따라 발바닥에 압력이 가해질 것입니다. 발바닥을 사선으로 누르

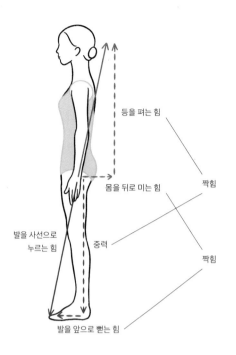

등을 펴는 힘

짝힘

몸을 뒤로 미는 힘

짝힘

발을 사선으로
누르는 힘

중력

발을 앞으로 뻗는 힘

면 발이 발가락 쪽으로 길어지는 느낌이 들고, 무게 중심이 위치한 코어 부분은 위쪽으로 길어지는 느낌이 듭니다. 발레 수업 시간에 발을 활짝 펴고 상체는 풀업(pull up)을 해야 한다는 것과도 일맥상통합니다.

비스듬히 아래로 향하는 힘은 지면과 수직인 힘과 지면과 평행한 힘으로 나눠 해석할 수 있습니다. 즉 비스듬히 아래로 향하는 힘은 수직으로 누르는 힘과 발뒤꿈치에서 발가락 쪽으로 미는 힘이 합쳐진 결과입니다. 비스듬히 아래로 향하는 힘의 반발력은 정반대 방향으로 생깁니다. 비스듬히 위로 향하는 힘이고 이 힘은 몸을 뒤로 미는 힘과 (바닥이) 몸을 위로 미는 힘이 합쳐진 결과입니다. 즉 발가락을 앞으로 뻗는 힘이 몸을 뒤로 밀어내는 힘의 원천이 되는 것이고, 발바닥이 바닥을 누르는 힘이 풀업하는 힘의 원천이 되는 것이죠.

마지막으로 벽에 몸의 뒷면을 붙인 채 느낌을 찾아보는 것도 힘의 원리를 이해하는 데 도움이 됩니다. 뒤꿈치, 종아리, 엉덩이, 견갑골, 뒤통수 정도가 뒷벽에 닿을 것이고 아마도 이 상태에서는 허리둘레가 굵은 사람일수록 발가락 쪽에 무게가 실릴 겁니다. 상체 뒷면을 벽에 붙인 채 반 발자국 정도씩 발의 위치를 앞쪽으로 옮기면서 발바닥 어느 부분에 압력이 가해지는지 느껴보기 바랍니다. 상체를 그대로 둔 채 발을 앞으로 옮길수록 압력 중심은 발가락에서 뒤꿈치 쪽으로 옮겨가니 느낌을 찾는 데 도움이 됩니다.

모든 훈련이 끝나고 나면 자연스럽게 서서 상체를 뒤로 보낸다는 느낌은 완전히 잊고 발의 느낌을 찾아 그대로 서면 됩니다. 지나치게 의식하면 엉뚱한 근육을 쓰는 등 나쁜 습관이 생기기도 하거든요. 무게 중심이 뒤꿈치로 쏠리는 느낌이 들 때는 로봇처럼 살짝 무릎을 굽혀 다리의 힘을 빼고 상체를 세워 다시 서보는 것도 도움이 됩니다.

무게 중심은 움직입니다

내 몸의 무게 중심은 어디일까요? 움직이는 사람의 무게 중심을 실시간으로 추적하기는 매우 어렵습니다. 움직이지 않고 가만히 서 있는 사람의 무게 중심을 찾는 일조차 쉽지 않고요. 사람 몸의 대칭 구조를 이용해 대략의 위치를 추정해볼 뿐입니다. 인바디로 체성분 비율을 측정하듯이 사람의 무게 중심을 측정할 수 있다면 여러 분야에서 유용하게 사용할 수 있었을 겁니다.

"내 가슴속 진주는 변함이 없다. 네 가슴속의 진주도 오색영롱한 빛을 발하겠지."

희곡과 수필도 썼던 고 안옥희 배우의 에세이집 《아아, 저 눈빛이》에 나오는 구절입니다. 발레를 배우면서 무게 중심에 대해 고민할 때마다 떠오르던 구절입니다. 외국에서 생활하는 올케에게 쓴 편지인데 작중 진주가 제게는 마치 무게 중심처럼 느껴졌습니다. "내 무게 중심, 네 무게 중심, 변함이 없지?" 서로 안부를 전하면서 무게 중심에 대해 묻는 거죠. 발레에선 무게 중심이 중요하니까요.

인바디로 체성분을 측정하듯이 무게 중심을 잴 수 있다면 좋겠다는 생각도 해봤습니다만 이리저리 궁리해도 사람의 무게 중심을 찾아낼 기술을 떠올릴 수 없었습니다. 겉보기에 대칭이라고 해서 속까지 대칭일 수는 없고, 사람을 잘게 잘라서 적분하듯 무게 중심을 찾아낼 수도 없고요. 무게 중심이 대략 여기라고 추정하는 것에 그치고 마는데 이는 이과생의 성에 차지 않습니다.

먼저 무게 중심을 찾아놓고 계산을 통해 두 발의 위치, 발목과 엉덩 관절의 각도 등을 구해놓고 단번에 균형 잡힌 동작을 취하는 것이 바로 이과생의 방식이죠. 몸을 스스로 이리저리 움직이며 균형을 잡는 연습을 하거나 선생님이 바른 자세를 반복해서 보여주는 것보다, 이상적인 자세에서의 발목의 각도와 몸의 무게 중심이 있어야 할 곳을 미리 알려주고 자세를 취하라고 하면 훨씬 편안하게 발레를 배울 수 있을 겁니다, 이과생은요.

투덜거림을 멈추고 무게 중심의 위치를 찾아봅시다. 사람의 몸은 정면에서 보면 대칭입니다. 정면에서 봤을 때 정수리와 배꼽을 지나면서 몸을 좌우로 이등분하는 평면 위에 무게 중심이 있을 겁니다. 이 평면을 시상면이라고 합니다. 그런데 사람의 몸을 옆에서 보면 대칭은 아닙니다. 그래도 무게로 보면 큰 차이가 있을 것 같지는 않습니다. 대략 같다고 하고 사람의 몸을 앞뒤로 나누는 가상의 평면, 관상면상에 무게 중심이 있을 겁니다.

시상면과 관상면은 수직으로 만나고 두 평면이 만나는 점을 모두 이으면 수직 방향 직선이 됩니다. 무게 중심은 이 직선 상에 있을 겁니다. 이제 각 부분이 같은 무게를 갖도록 사람을 위아래로 나눠야 합니다. 머리 부분이 조금 무거울 것 같으니 배꼽과 명치 사이에서 나누면 될 것 같습니다. 이렇게 사람의 몸을 위아래로 나누는 평면을 수평면이라고 합니다. 앞서 구한 사람 몸속 수직 방향 직선과 수평면이 만나는 점이 바로 대략 무게 중심일 겁니다.

얌전하게 서 있다가 오른쪽 팔을 90도 정도 들어 올립니다. 오른쪽 팔의 위치가 변하면 몸 전체의 무게 중심은 어떻게 바뀌는지 생각해봅시다. 들어 올리는 오른쪽 팔의 무게 중심은 아마 팔꿈치 주변에 있을 겁니다. 얌전하게 팔을 내린 채 서 있을 때 팔꿈치는 옆구리 부분에 있다가, 팔을 들어 올리면 어깨 옆쪽으로 움직입니다.

오른팔의 무게가 대략 사람 몸무게의 8분의 1쯤 된다고 가정하고, 그 정도 무게를 가진 몸의 한 부분의 무게 중심이 오른쪽으로 20센티미터 정도, 위쪽으로 20센티미터 정도 이동한 것이니까, 몸 전체의 무게 중심도 팔의 이동을 감안해 원래 위치에서 오른쪽으로 2~3센티미터, 위쪽으로 2~3센티미터 움직였다고 생각하면 됩니다. 팔만 들어도 무게 중심이 2센티미터나 위로 올라가게 되죠.

왼쪽 다리를 들어 올린다고 생각해보죠. 왼쪽 다리의 무게 중심은 무릎 부근 어딘가에 있을 것 같습니다. 아무래도 종아리보다는 허벅지가 두껍고 무겁다 보니 왼쪽 다리의 무게 중심은 무릎에서 허벅지 쪽으로 몇 센티미터쯤 올라온 어딘가에 있을 겁니다.

왼쪽 다리를 앞으로 45도 정도 들어 올리면 왼쪽 다리의 무게 중심이 원래 위치에서 앞으로 20센티미터 정도, 위로 10센티미터 정도 이동할 것입니다. 왼쪽 다리의 무게는 몸 전체 무게의 5분의 1쯤 된다고 하면 몸 전체의 무게 중심은 명치와 배꼽 사이에서 앞으로 3~4센티미터, 위로 2~3센티미터 정도 움직인 곳에 자리 잡게 됩니다.

이렇듯 자세를 바꾸면 무게 중심도 따라 움직입니다. 이렇게 팔다리를 들어 올릴 때 전후좌우로 움직이는 무게 중심을 보상하기 위해서 몸 특정한 부위에 힘을 주기도 합니다. 힘을 주면 피가 모이고 근육이 수축하면서 그 부위의 밀도가 높아집니다. 그러면 무게 중심이 움직이는 것을 보상해 무게 중심이 몸 중심부에 머물러 있도록 도울 수 있습니다.

오른쪽 팔과 오른쪽 다리를 한꺼번에 옆으로 들면 무게 중심이 오른쪽으로 치우치게 될 것이고 어쩌면 이 순간만큼은 무게 중심이 몸 바깥 오른쪽으로 튀어나와 있을지도 모르겠습니다. '내 마음속 진주'가 나를 탈출하는 것이죠.

무게 중심이 몸 밖에 있으면 불안정해져서 그 자세를 오래 유지하기 힘듭니다. 그래서 무게 중심을 몸 안으로 옮겨오기 위해 자세를 바꾸거나 발의 위치를 옮기게 됩니다. 발레 할 때는 팔이나 다리를 뻗을 때 몸의 코어를 단단하게 하고 코어로부터 팔다리를 주욱 뻗어내는 식으로 움직이게 됩니다. 팔다리를 움직일 때 무게 중심을 몸 안에 두려는 노력의 하나일 겁니다.

무게 중심은 사람 몸의 균형점이기도 하면서 움직임을 파악하는 기준이기도 합니다. 무게 중심에 모든 무게가 집중돼 움직인다고 생각할 수 있기 때문입니다. 발레 선생님의 시범을 볼 때무게 중심이 어떻게 움직이는지 먼저 파악하는 것도 도움이 됩니다. 쁠리에를 할 때도 점프를 할 때도 무게 중심이 어떻게 얼마나 움직이는지 먼저 살펴보면 예전에 미처 보지 못했던 것들을 볼 수 있습니다.

무게 중심의 위치는 내 몸의 '모양'과 '자세'에 따라 바뀝니다. 체중계 위로 올라서서 자세를 바꾸면서 무게 중심을 이리저리 옮겨봐도 내 체중에는 변화가 없습니다. 어떤 자세를 취해도 결국 내 몸의 모든 무게는 내 발 위로 쌓이게 되는 것이죠. 풀업을 하면 몸이 가벼워져서 움직임이 가뿐해지는 것을 느끼기도 합니다. 하지만 풀업을 한다고 해서 내 몸무게가 변하지는 않습니다. 내 몸의 모양이나 자세가 발레에 맞게 바뀌는 것이죠.

무게 중심은 무게에 따라 바뀌지 않고 모양과 자세에 따라

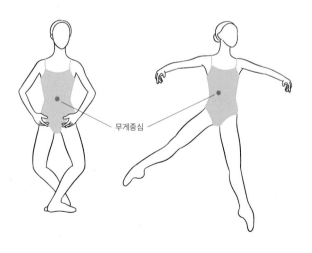

무게중심

47

바뀝니다. 무게 중심이 발레 하기에 최적의 위치에 오지 않았다는 말을 듣거나 그렇게 느껴지면 내 몸의 모양이나 자세가 아직 발레에 덜 적합하다는 의미로 받아들이면 됩니다. 단번에 찾지 못한다고 실망하지 말고 올바른 자세를 찾기 위해 지속적으로 관심을 가지면 좋을 것 같습니다. 무용수의 무게 중심이 빛난다면, 무게 중심이 그리는 빛의 궤적이 무대 위에서 아름다운 곡선을 그리며 날아다닐 것 같습니다. 여름밤 하늘을 수놓는 반딧불처럼요.

5. 슬라임 카페

발레 학원의 또 다른 이름

중력의 본질은 간단합니다. 질량을 가진 물체는 지구 중심을 향해 움직이는데 대략 $10m/sec^2$의 가속도를 가집니다. 낙하하는 물체의 경우 지구 표면에 가까워질수록 그 속도가 빨라지는 것이죠. 롯데타워와 비슷한 높이인 500미터 상공에서 뛰어내린다고 하면 자유 낙하해서 착지할 때까지 약 10초의 시간이 필요합니다. 실제로는 공기 저항 때문에 시간이 더 걸립니다만, 일단 공기 저항은 무시하겠습니다.

10초의 시간을 좀 더 쪼개어보면 처음 1초 동안에는 5미터 정도 낙하합니다. 반면 낙하 속도는 생각보다 빠르게 점점 증가해 마지막 1초 동안에는 거의 100미터 가까운 거리를 낙하하게 됩니다. 낙하 속도를 우리에게 익숙한 시속으로 바꿔 구간별로 살펴보면 뛰어내리고 1초 뒤에는 시속 36킬로미터, 착지하기 직전에는 무려 시속 360킬로미터에 이릅니다.

지구가 일정한 힘으로 당기는 중력은 우리의 생각보다 훨씬 집요합니다. 일정한 힘이라는 건 일정한 속도가 아니라 일정한 가속도를 가하는 것이고 낙하 속도는 시간이 흐르면 흐를수록 더 커지게 됩니다. 사실 일정한 속도를 유지하며 낙하하는 물체에 가해지는 외력의 합은 0이 됩니다.

스카이다이빙을 하면 낙하 속도가 증가하다가 어느 순간부터는 속도가 증가하지 않고 일정한 속도로 낙하하게 됩니다. 낙하하면서 몸을 펼치면 공기 저항이 세지고, 공기 저항이 몸을 공중으로 밀어 올리는 힘과 중력이 같아지면 낙하 속도의 증가는 멈추게 되죠. 이때는 내 몸에 어떠한 알짜 힘도 가해지고 있지 않지만 여전히 일정한 낙하 속도를 유지하며 떨어집니다.

흔히 속도가 0이면 가해지는 외력이 0이고, 속도가 있으면 외력이 가해진 것이라고 생각하기 쉬운데, '일정한 속도'로 움직이는 상태와 '속도가 0'인 멈춘 상태는 외력이 작용하지 않는다는 측면에서 역학적으로 같습니다. 힘이 가해지면 속도는 변하고, 속도가 변해야 힘이 존재하는 것이죠.

속도를 높여가며 떨어지던 물체는 공기 저항으로 인해 가속을 멈추고 일정한 속도로 떨어지게 됩니다. 이때의 속도를 종단 속도(terminal speed)라고 합니다. 공기 저항과 중력이 일치하는 동안 낙하하는 물체는 일정한 속도를 가지며, 그 속도는 물체마다 다릅니다. 낙하하는 물체의 질량이나 모양에 따라 공기 저항이 다르기 때문이죠. 깃털같이 가벼운 물체보다 쇠구슬이 공기 저항을 덜 받게 되고, 스카이다이버의 경우 자세에 따라서도 공기 저항이 달라집니다. 종단 속도는 공기 저항에 따라 달라지게 됩니다. 영화에서 스카이다이빙하는 주인공이 여러 자세를 취하면서 공중에서 액션을 취할 수 있는 것도 자세에 따라 바뀌는 공기 저항 덕분이죠.

갈릴레이는 자유 낙하하는 물체의 속도는 물체의 무게에 상관없이 일정하게 증가한다는 것을 증명하기 위해 피사의 사탑에서 무게가 다른 두 개의 물체를 떨어뜨렸습니다. 하지만 실험은 공기 저항 때문에 실패했습니다. 물체마다 공기 저항이 다르니까요. 만약 공기 저항이 없는 진공 상태에서 실험했다면 멋지게 성공했을 겁니다. 그랬다면 갈릴레이가 예측했던 대로 물체의 모양이나 무게에 상관없이 같은 속도로 낙하하는 것을 쉽게 관찰할 수 있었을 겁니다.

롯데타워 꼭대기에서 뛰어내리려는 사람을 제가 두 팔로 잡고 버티고 있다고 생각해봅시다. 그는 시간이 흐를수록 속도를 높여가며 땅으로 낙하할 사람이었습니다. 제 팔이 점점 버티기 힘들어지는 이유는 팔에서 힘이 빠져나가기 때문이기도 하지만 중력이 집요하게 당기고 있기 때문입니다. 만약 제가 잡고 있는 것이 사람이 아니라 슬라임처럼 흐르는 물체이고 크기는 사람만큼 크다면 어떨까요? 제가 잡을 수 있는 한 줌의 슬라임만 남고 나머지는 중력을 타고 흘러내리겠죠. 아래로 흘러내리는 속도는 지면에 가까워질수록 점점 빨라질 테고요.

사람이 땅 위에 서 있다고 생각해봅시다. 중력을 받아 지구 중심을 향해 가야 하지만, 다행히 이 단단한 땅이 그 사람을 받쳐줍니다. 마치 스카이다이버를 공기 저항이 받쳐주는 것과 같습니다. 땅이 사람을 받쳐주는 힘의 크기는 딱 중력과 같습니다. 결국 사람에게 가해지는 알짜 힘은 0이 되고 덕분에 사람이 자

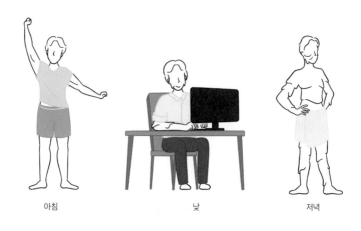

아침　　　　　　　　낮　　　　　　　　저녁

유 낙하하지 않고 땅 위에서 지낼 수 있는 것이죠.

그런데 땅이 받쳐주는 것은 사람의 신체 중 땅과 맞닿아 있는 부분뿐입니다. 서 있을 때는 발바닥만 밀어주는 것이죠. 그래서 우리가 넘어지지 않으려면 발바닥 위에 내 몸을 차곡차곡 잘 쌓아야 합니다.

두 발로 걷기 위해서는 골반이 좁을수록 유리합니다. 힘의 낭비를 줄일 수 있기 때문이죠. 하지만 골반이 좁으면 두 발로 서 있을 때 상체의 무게가 좁은 면적에 집중돼 버티기가 힘들어집니다. 척추도 엄청난 무게를 버텨야 합니다. 그래서 체구가 크면 클수록 척추의 S자 굴곡은 더 진하게 나타납니다. 보행 시 충격을 흡수하기 위해 S자 형태를 띠고 있기도 하지만, 중력을 버티느라 이미 S자로 휘어버린 것이기도 하죠.

살다 보면 행거에 옷을 하나하나 가로로 걸쳐서 쌓게 되듯이 사람도 중력을 버티기 위해 애를 썼을 겁니다. 발바닥 위로 골격을 세우고 그 골격에 붙은 근육을 이리저리 뭉치고 움직여서 가능한 한 힘을 쓰지 않고 서 있으려 했겠죠. 그리고 골격 구조의 이점을 최대한 활용해 중력에 맞서 버티려고 했을 겁니다. 그런 덕분에 척추나 골반 주위의 근육들은 더욱더 뼈에 엉겨 붙듯 뭉쳐 있을 것이고, 골반이나 관절 위에 무게를 탁탁 얹어서는 자세를 취하게 됩니다. 짝다리 짚는 자세도 그중 하나죠. 뼈에 직접 붙지 못하는 근육이나 지방들은 이제 큰일 났습니다. 뼈에서 먼 쪽부터 흘러내리거든요, 슬라임처럼.

이 살들은 흘러내리다 마는 것이 아니라, 중력의 영향으로 가속도 운동을 시작합니다. 시간이 지나면 지날수록 더 흘러내려 갑니다. 잠에서 깨어난 아침보다 하루 일과를 마친 저녁 무렵 내 몸은 더 흘러내려 있을 겁니다. 척추의 S자는 더욱더 깊어지고 골반은 더욱더 눌리게 됩니다. 이 모든 것이 중력의 영향 때문입니다.

발레 수업을 하는 동안 몸에 계속 힘을 줘야 하는 이유는 바로 이러한 중력의 성질 때문입니다. 중력을 내 근력으로 이겨내야 합니다. 첫 번째 동작에서 힘을 줘서 몸을 활짝 펴냈다면 이 동작이 끝난 후 긴장을 풀어버리면 안 됩니다. 오히려 첫째 동작을 마무리하면서 탄력을 받아내 두 번째 동작에서는 더 큰 힘으로 몸을 펼쳐줘야 겨우 현상 유지를 할 수 있습니다. 같은 정도의 힘으로 버티고 있다면 이미 내 몸은 낙하하고 있다고 생각하는 것이 옳습니다. 슬라임처럼 말이죠. 원장님이 애써 세운 발레 학원을 제가 슬라임 카페로 만들어버리는 거죠.

그래서 발레를 하는 동안 힘 쓰는 패턴은 쳇바퀴를 뱅글뱅글 돌리는 주기 운동이라기보다 힘 쓰는 정도가 계속 상승하는 나선형 패턴에 가깝습니다. 그렇게 해야 현상 유지하는 것처럼 보이게 됩니다. 들숨으로 힘을 얻고 날숨으로 그 힘을 빼버리면 안 되고, 들숨으로 받은 힘은 날숨을 쉬는 동안 빠지지 않게 챙겨서 다음 동작을 위한 발판을 높여야 하죠. 그게 중력에 올바르게 대처하는 방법입니다.

나선형 패턴으로 힘 쓰는 방법은 간단하게 체험해볼 수 있습니다. 책꽂이의 맨 아래 칸에서 책을 한 권씩 빼내서 맨 위 칸에 두고 내려오는 느낌으로 해보세요. 10번을 반복하면 10권의 책이 책장의 맨 아래 칸에서 맨 위 칸으로 옮겨져 있을 겁니다. 배꼽 아래 단전 근처가 책장의 맨 아래 칸입니다. 명치 근처가 책장의 맨 위 칸이고요. 맨 아래 칸, 단전에 살짝 힘을 주고 숨을 들이마시면서 명치까지 끌어올립니다. 피부 아래 근육이 움직이면서 실제로 살이 이동해가는 느낌이 들 겁니다. 들숨 한 번에 책을 맨 위 칸으로 옮긴 겁니다.

이제부터 중요합니다. 방금 올린 책을 명치 부근에 그대로 유지하는 느낌으로 숨을 조심스럽게 내쉽니다. 이제 책 한 권을 위로 올린 것이고요, 숨을 내쉬고 나서도 책은 여전히 위 칸에 있습니다. 이제 다시 단전에 힘을 가볍게 주고 들숨에 명치까지 들어 올립니다. 이제 두 권 옮겼습니다. 책은 위에 그대로 두는 느낌으로 숨을 내쉽니다. 이렇게 10번만 반복하면 단전 부근의 살을 명치로 꽤 많이 옮긴 느낌이 듭니다.

주기 운동을 하는 패턴으로도 해볼 수 있습니다. 들숨에 책 한 권을 단전에서 명치로 올리고 숨을 내쉬면서 명치 부근에 책을 탁 놓아버리는 겁니다. 그러면 처음 시작했을 때 상태로 돌아올 것이고요, 계속 반복하면 책을 올렸다 내렸다 하는 느낌이 들 겁니다. 발레에서 같은 동작을 반복할 때 또는 여러 동작을 이어서 할 때 이 나선형 패턴대로 상승하듯 동작해야 겉으로 보기에 유지하는 것으로 보입니다. 가속도를 가진 중력 때문이죠.

이 부분을 신경 쓰지 못하면 발레 학원 문 열고 들어갔다가 슬라임 카페 문 닫고 나오게 됩니다.

근육에 힘 주는 방향에 따라서도 무게 중심을 조금씩 위로 옮길 수 있습니다. 발레리나 또는 발레리노의 종아리 사진을 보면 공통점이 있습니다. 종아리에 비해 발목이 무척 가늘게 보입니다. 많은 경우에 발

발레리나의 종아리 (calf raise)

목부터 종아리 근육 아래쪽까지는 근육이나 살이 없다시피 하다가 갑자기 종아리 근육이 나타납니다. 발목부터 무릎까지의 근육이 최대한 위쪽으로 분포돼 위치합니다. 근육이 고르게 분포되지 않고 이렇게 위쪽으로 쏠려서 분포돼 있으면 당연히 무게 중심은 위쪽 방향으로 상승하게 됩니다. 한쪽 다리를 들어 올리면 몸 전체의 무게 중심이 위쪽으로 상승하는 것과 비슷합니다. 근육을 위쪽 끝으로 모으면 무게 중심은 그만큼 상승하겠죠.

몸의 무게 중심이 위쪽으로 가면 갈수록 몸 전체의 움직임은 가벼워집니다. 자세를 바꾸지 않고 근육을 당기는 방향만 신경 써도 무게 중심을 조금씩 위로 보낼 수 있습니다. 발 뒤꿈치를 바닥에 붙이는 느낌을 주고 종아리를 쓸어 당겨서 무릎 뒤

오금 쪽으로 밀어 올리면 됩니다.

처음에는 그렇게 느낌만이라도 가지기 시작하면 점점 근육이 살아나면서 나중에는 근육이 실제 꿈틀거리는 것을 느낄 수 있습니다. 허벅지 뒤쪽 햄스트링과 허벅지 안쪽 내전근도 마찬가지입니다. 자꾸 쓸어 올리고 당겨서 엉덩이 아래쪽으로 쑤셔넣어 엉덩이를 밀어 올리는 느낌을 가지면 자세를 바꾸지 않고도 무게 중심을 위로 올리는 효과를 조금 볼 수 있습니다.

엉덩이는 건너뛰고 허리부터 시작해서 견갑골을 덮고 있는 광배근도 같은 느낌으로 위로 밀어 올릴 수 있습니다. 허리부터 밀어 올려서 견갑골을 받치는 느낌을 주어 광배근의 아래쪽은 얇게, 위쪽을 두텁게 만드는 느낌을 가질 수 있습니다. 평소 이런 느낌을 의식하면서 걸어 다니면 같은 자세에서도 무게 중심이 조금씩 위로 올라가면서 가벼운 느낌을 가질 수 있습니다.

단, 주의할 점이 있습니다. 근육의 해부학적 구조에 익숙하지 않은 상태에서 너무 열심히 하려고 하면, 쓰지 말아야 할 근육을 쓰게 되어 안 좋은 습관이 생길 수 있습니다. 발목 부근에서 방향만 잡아준다는 느낌으로 자신이 갖고 있는 힘의 절반 정도만 써보기를 추천합니다. 선생님이 계속 봐주셔야 하므로, 평소 수업을 듣는 기간 중에 시도해보는 것이 좋을 것 같습니다.

척추나 골반 부근의 근육은 중력에 효율적으로 대처하기 위해 뼈에 엉겨 붙어 있게 됩니다. 특별히 힘을 주지 않고도 중력에 대항해 매달려 있으려 하기 때문이죠. 척추나 골반을 많이 신경 써서 많이 펴주고 이완시켜 스트레칭해주면 도움이 될 것입니다. 사람마다 근육을 인지하는 방법이 제각각이기 때문에 반드시 선생님에게 점검받는 것이 좋습니다.

근육에는 그동안 자신이 살아온 흔적이 기록돼 있습니다. 근육을 당기라고 하면 실제로 미는 사람도 꽤 많이 있습니다. 그러면 선생님은 궁극적으로 근육을 밀게 하기 위해 수강생에게 근육을 당기라고 코렉션을 주기도 합니다. 혼자 지나치게 열심히 하면 오히려 안 좋은 습관이 생긴다는 것을 꼭 기억해주세요.

발은 넓고 길게,
척추는 곧고 길게

사람의 무게 중심이 위로 올라가는 '도중'에는 쉽게 넘어지지 않습니다. 따라서 풀업이 중요합니다. 풀업 하는 동안에는 무용수의 무게 중심이 끊임없이 위로 올라가기 때문에 잘 넘어지지 않죠. 또 무용수의 무게 중심이 위로 올라갈수록 움직임이 가벼워집니다. 발이 앞으로 튀어나와 있는 사람 몸의 구조 때문에 무게 중심을 위쪽으로 더 높게 보내기 위해서는 등과 허리를 비롯한 사람의 뒷면을 단단하게 세워야 합니다. 이 원리를 책장을 세워놓고 설명할 수 있습니다.

발이 달린 책장을 뒤에서 앞으로 밀어 넘어뜨릴 때 어떤 일이 일어나는지 관찰해봅시다. 밀어 넘어뜨리기 힘든 책장의 특징을 찾아서 발레 수업에서 듣는 코렉션들과 비교해보려고요. '발레는 과학'이니까 표현만 다를 뿐 내용은 같을 겁니다. 먼저 비어 있는 책장을 밀어보겠습니다. 책장의 무게 중심은 책장의 중심에 있을 겁니다. 좌우로는 대칭이고 앞뒤를 보면 뒤에는 뒤

판이 있어 무게 중심이 약간 뒤로 이동하는 효과가 있겠고, 책
장 아래쪽에는 발이 있어서 무게 중심이 앞 아래쪽으로 이동하
는 효과가 있을 텐데, 그렇게 큰 이동은 아닐 겁니다.

이제 책장이 쓰러지면서 무
게 중심이 어떻게 움직이는지만
살피면 됩니다. 책장의 무게 중
심 위치에 책장의 모든 무게가
있다고 생각하고 문제를 풀면
됩니다. 책장을 뒤에서 밀어 넘
어뜨리려고 하면 책장의 발가락
을 중심으로 회전하면서 넘어가
게 됩니다. 일단 책장의 뒤꿈치

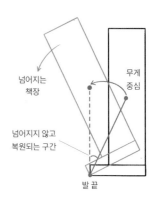

넘어지는
책장

무게
중심

넘어지지 않고
복원되는 구간

발 끝

책장이 넘어질 때 올라가는 무게중심

가 뜨게 되면 압력은 책장의 발가락에 집중되고 압력 중심도 발
가락 쪽으로 옮겨집니다. 여기서 책장을 뒤에서 더 밀면 무게 중
심은 원 모양의 궤도를 따라 앞 위쪽으로 들어 올려집니다. 무게
중심의 위치에 책장의 모든 무게가 집중돼 있다고 생각하기로
했으니 무게 중심을 위쪽으로 들어 올린다는 것은 책장을 들어
올린다는 것과 같은 뜻이죠. 즉 책장을 뒤에서 밀어 쓰러뜨리기
위해서는 일단 책장을 위로 들어 올리는 일을 수행해야 합니다.

들고 있던 물건을 놓으면 물건이 낙하하는 것처럼, 책장을 밀
다가 멈추면 무게 중심이 다시 내려오면서 제자리로 돌아오게
됩니다. 따라서 책장을 완전히 밀어 넘어뜨리는 일은 책장을 들
어서 담장 너머로 던지는 일과 비슷합니다. 담장을 넘길 만큼 충
분히 들지 못하면 책장은 다시 원위치로 돌아오게 됩니다. 책장

을 계속 밀어서 책장의 무게 중심이 압력 중심 상공에 오면 이제 책장을 조금만 밀어도 무게 중심은 앞쪽으로 넘어가면서 아래로 낙하하게 됩니다. 이때부터는 가만히 두어도 책장이 넘어지게 되는 것이죠.

이제 책장에 책을 잔뜩 꽂아보겠습니다. 책을 꽂았으니 빈 책장보다는 무게가 더 무거워졌지만 책들이 책장에 고르게 꽂혀 있으므로 무게 중심은 빈 책장일 때와 비슷한 곳에 있을 겁니다. 무거워져서 밀어 넘어뜨리는 데 힘이 더 들 뿐, 책장이 움직이는 패턴은 동일합니다. 이제 책장에 있는 책을 모두 아래 칸으로 옮깁니다. 그러면 무게 중심은 아래로 이동하고 책장을 넘어뜨리기 위해 밀어야 하는 각도는 더 커집니다. 넘어뜨리기가 더 힘들어진 것이죠. 이제 책을 모두 위로 옮겨 꽂습니다. 무게 중심은 위쪽으로 올라가죠. 이제 책장이 쓰러질 때까지 밀어야 하는 각도는 줄어듭니다. 조금만 밀어도 무게 중심이 압력 중심 위로 올라가 정점에 도달하죠.

책을 위로 옮기면 움직임이 가벼워지고 책을 아래로 옮기면 움직임이 무거워집니다. 마찬가지로 무용수가 춤을 추기 위해서는 가볍게 움직여야 하니 풀업으로 무게 중심을 위로 옮겨야 하지만 무게 중심이 위로 올라갈수록 쉽게 쓰러지므로 안정성이 떨어집니다. 기동성과 안정성은 서로 상충(trade-off) 관계입니다. 다만, 무

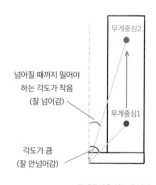

무게중심을 위로 올리면

게 중심이 아무리 위에 있더라도 끊임없이 올라가는 '과정' 중에 있다면 책장은 절대 넘어지지 않습니다.

무게 중심을 위로 올려 기동성을 높인 채 안정성을 더하기 위해서 할 수 있는 일이 하나 더 있습니다. 무게 중심을 뒤로 옮기는 일입니다. 무게 중심을 위로 옮긴 상태에서 뒤쪽으로 보내면 쓰러뜨리기 위해 밀어야 하는 각도가 커져서 안정성이 커집니다. 무게 중심을 뒤로 옮기면 책장을 앞쪽으로 밀어 넘어뜨리기는 힘들어지지만 뒤쪽으로는 넘어지기 쉬워집니다. 책장의 무게 중심이 뒤편으로 이동하고 나면 책장의 뒤쪽에 발도 없어서 살짝만 밀어도 뒤로 넘어가죠.

책장이 쓰러질 때까지 허용되는 기울어짐의 각도가 있습니다. 그 각도 안에서는 잠시 기울어져도 쓰러지지 않고 중력에 의해 원래 위치로 돌아옵니다. 그 허용 범위 내에서 기울어지는 과정은 무게 중심을 위로 들어 올리는 과정입니다. 중력의 반대 방향이므로 중력은 오히려 책장이 넘어지지 않게 막아주는 역할을 합니다. 한마디로 말해 무게 중심이 올라가는 동안에는 쉽게 넘어지지 않는 것이죠. 하지만 이렇게 무게 중심이 높아지면 앞에서 살펴본 이유로 안정성은 점점 떨어집니다. 그래서 넘어지지 않기 위해서는 끊임없이 무게 중심을 위로 들어 올려야 합니다. 몸이 기울어지더라도 그 기울어지는 과정 중에 무게 중심이 위로 올라

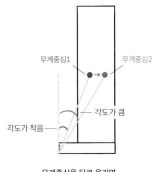

무게중심을 뒤로 옮기면

가고 있다면 쉽게 넘어지지 않습니다. 단순히 기울어졌기 때문에 넘어지는 것이 아니라 무게 중심이 땅으로 내려오기 때문에 넘어지는 것이죠.

무게 중심이 높아지면 움직임이 가벼워지고, 무게 중심이 낮아지면 움직임이 무거워집니다. 따라서 가볍게 움직이기 위해서는 가능한 한 무게 중심을 높게 둬야 합니다. 무게 중심이 높아져서 생기는 불안정은 무게 중심을 뒤쪽으로 옮겨서 보상할 수 있습니다. 발레 무용수와 리듬체조 선수가 서 있는 자세를 비교해보면 발레 무용수의 무게 중심이 확실히 뒤쪽에 있음을 알 수

리듬체조 선수

발레무용수

있습니다. 무게 중심을 뒤로 보내면 앞쪽으로는 기울어짐의 허용 각도를 크게 유지할 수 있어서 안정성을 높일 수 있습니다. 무게 중심을 뒤로 보내더라도 책장 바닥의 압력 중심은 가능한 한 앞쪽으로 보내야 넓은 발바닥의 이점을 활용할 수 있고요. 발이 앞으로 매우 길고 뒤판이 듬직한 책장은 앞으로든 뒤로든 쉽게 넘어지지 않습니다.

발레에서 양쪽 어깨와 골반의 양쪽 끝을 잇는 사각형을 박스라고 부릅니다. 이 박스를 단단하게 세우고 이곳으로부터 모든 움직임을 시작하도록 하는 것은 물리학적으로 보더라도 그 근거가 타당합니다. 특히 박스는 몸의 앞쪽보다는 뒤쪽을 세우는 느낌으로 수행하는 것이 유리합니다. 등과 허리를 단단하게 세울수록 몸의 무게 중심이 뒤쪽으로 이동해 안정성을 확보할 수 있고 압력 중심을 뒤꿈치에서 발 아치 쪽으로 보내 발바닥을 온전히 다 쓸 수 있기 때문입니다. 발레에서 발을 길게 쓰고 뒤판을 단단하게 세우라는 이유가 바로 여기에 있습니다.

움직이는 동안 넘어지지 않는 요령은 끊임없이 몸의 무게 중심을 위로 올리는 느낌을 유지하는 것입니다. 또 무게 중심을 몸의 뒤쪽에 두면 앞쪽으로 넘어지기까지 허용되는 기울기 각도를 더 확보할 수 있어서 몸을 가볍게 움직이면서도 안정성을 확보할 수 있습니다. 풀업뿐만 아니라 팔이나 다리를 들어 올려도 무게 중심은 올라가게 됩니다. 발레 동작 중에서 턴이나 점프 등 밸런스가 취약해지는 동작을 할 때마다 팔이나 다리를 들어 올리는 동작을 함께 해주는 것도 그런 이유 때문입니다.

끊임없는 풀업

이제 발이 달린 책장만 보면 발레 무용수가 연상됩니다. 발이 달린 책장은 발 덕분에 뒤쪽 벽에 딱 붙는 느낌이 들고, 앞쪽에 발이 없는 책장은 발이 없으니 위로 올라갈수록 뒤쪽 벽에서 조금씩 떨어져 약간 앞으로 기울어지는 느낌을 줍니다. 또 기울어진 책장 앞쪽의 높이 조절 나사를 돌려서 책장 뒷면을 뒷벽에 딱 붙여 설치해놓으면 마치 발가락이 들린 것처럼 보여서 눈에 거슬리기까지 합니다. 그러면 그 앞을 오가며 들린 발가락을 핸즈온으로 부드럽게 눌러주고 싶어집니다. 발레를 하건 하지 않건 눈에 보이지 않는 균형감과 무게 중심은 그만큼 신경 쓰이는 존재입니다.

중력과 내가 추는 빠 드 두

무용수가 점프할 때 무게 중심이 어떻게 움직이는지 살펴보면 점프라는 동작을 더 잘 이해할 수 있습니다. 무게 중심의 위치에 내 몸무게가 집중돼 있다고 생각하면 움직임을 더 명확하게 볼 수 있죠. 땅을 박차고 도약하면 무게 중심은 발사되듯이 빠른 속도로 위로 움직이기 시작하고 무게 중심이 상승하는 동안 속도를 변화시키는 중력에 의해 그 상승 속도는 점점 줄어들게 됩니다. 점점 줄어드는 속도가 어느 순간 0이 되면 무게 중심은 정지합니다. 이후 운동 방향을 아래로 바꿔 중력 방향으로 자유 낙하하면서 착지하게 됩니다. 가만히 서 있다가 까치발로 서면 몸의 무게 중심을 들어 올릴 수 있습니다만 이를 점프라고 하지는 않습니다. 두 발이 땅에서 떨어져 공중에 몸을 맡기는 구간이 없기 때문이죠. 점프는 무게 중심을 위로 들어 올려 공중으로 날리는 일이고 점프의 과정 중에 두 발이 모두 땅에서 떨어지는 구간이 있어야 합니다.

점프를 하기 위해서는 그전에 무게 중심을 아래로 내리는 구간이 반드시 필요합니다. 일단 무게 중심을 아래로 내리지 않고는 위로 띄울 수 없습니다. 두 다리를 주욱 펴고 선 채로 다리를 굽히지 않고 잠시라도 두 발을 땅에서 떨어뜨릴 수 있는 방법은 없습니다. 위로 점프하기 위해서는 일시적이나마 중력을 이길 만한 힘이 필요합니다. 이 힘은 바닥이 몸을 밀어 올려주는 힘, 즉 바닥의 반발력을 이용해 얻습니다. 이 반발력은 내가 바닥을 누르는 힘보다 클 수 없어서 중력을 이기는 반발력을 얻으려면 중력보다 큰 힘으로 바닥을 눌러야 합니다. 내가 땅을 누르는 힘을 중력에 더해줘야 합니다. 그 땅을 누르는 힘은 일단 무게 중심을 아래로 내렸다가 올리는 과정에서 얻게 됩니다. 그래서 무릎을 구부리는 쁠리에가 필요합니다. 무릎을 편 채로 엉덩 관절과 발목만을 움직여서 반발력을 얻어내는 사람도 있을 수 있습니다만 아마도 기인의 반열에 오른 분이겠죠.

쁠리에는 점프를 시작할 때 추진력을 주기도 하지만, 착지할 때 부상을 막아주기도 합니다. 공중에서 자유 낙하할 때 무게 중심이 어떻게 움직이는지 관찰해보겠습니다. 명치와 단전 사이 어딘가에 무게 중심이 있습니다. 점프의 가장 높은 지점인 정점에서 속도가 0이었지만 자유 낙하하면서 속도는 점점 커집니다. 가령 1미터 상공에서 떨어지면 발끝이 땅에 닿을 무렵 내 몸의 속도는 시속 16킬로미터 정도 됩니다. 시속 16킬로미터로 낙하하던 무용수가 착지하면서 순간적으로 정지해 낙하 속도가 0이 되면 그 감속의 충격을 몸으로 다 받아내야 합니다. 결국 관절이나 정강이 뼈처럼 충격에 약한 부분부터 손상을 입게 됩니다. 그래서 착지할 때도 쁠리에를 하면서 몸의 낙하 속도가 0이 될 때까지 근력으로 몸무게를 받아내며 속도를 서서히 줄여야 부상을 피할 수 있습니다. 무게 중심은 속도를 높이며 떨어지다가 발끝이 땅에 닿는 순간부터 쁠리에를 거치면서 속도를 서서히 줄여 0이 되면 정지합니다.

쁠리에는 무게 중심을 내렸다가 다시 올려서 원래 자리로 되돌리는 것으로 마치게 됩니다. 무게 중심을 내리는 동작과 무게 중심을 올리는 동작으로 나눠볼 수도 있지만, 중력이 주도하는 구간과 근력이 주도하는 구간으로 나눠보면 더 재미있습니다. 쁠리에를 하면서 "자, 내려가고, 이제 올라오고"라고 할 수도 있지만 "자, 중력에 맡기고, 이제 근력으로 이기고"라고 할 수도 있습니다. 무게 중심이 정지해 있거나 등속 운동을 한다면 중력과 근력이 균형을 이룬 것입니다. 만약 무게 중심이 아래쪽으로 속도를 높이는 가속 운동을 하며 움직인다면 중력이 주도하는 구간이 되고, 무게 중심이 위쪽으로 가속 운동을 한다면 근력이 중력을 이기는 구간이 되겠죠.

쁠리에를 수행할 때 무게 중심이 어떻게 움직이는지 한번 살펴봅시다. 명치와 단전 사이 어디쯤 한 점을 찍고 무게 중심이라고 생각합니다. 쁠리에를 시작하면 이 무게 중심은 아래로 움직입니다. 아래쪽 한계까지 움직였으면 일단 멈췄다가 이제 운동 방향을 바꿔 위로 올라옵니다. 무게 중심의 궤적은 이렇게 간단합니다. 그럼, 움직이는 속도는 어떨까요? 정지해 있을 때 속도는 0입니다. 이제 아래로 움직이기 시작하면서 속도는 증가하기 시작합니다. 가속은 꽤 짧은 시간만 지속됩니다. 이제 속도가 증가하는 것을 멈추고 잠시 등속 운동을 하며 내려가다가 이제 감속을 시작합니다. 가장 아래쪽으로 내려가면 잠시 멈추었다가 운동 방향을 바꿔 올라오게 됩니다. 올라올 때도 가속 운동, 등속 운동, 감속 운동을 거쳐 제자리로 돌아오게 되죠.

차원을 하나 더 높여 가속도를 들여다보겠습니다. 가속도에 내 몸무게를 곱하면 힘이니까 가속도를 살피면 힘의 변화도 살필 수 있습니다. 먼저 쁠리에를 시작하면 아래로 가속 운동을 하니까 중력이 우세한 구간을 만납니다. 그리고 이내 등속 운동 구간에 들어가는데, 이때는 근력과 중력이 균형을 이루는 구간입니다. 이제 감속 운동을 하며 가장 아래 지점으로 내려갑니다. 이때는 근력이 중력보다 우세한 구간입니다. 잠시 멈췄다가 위쪽으로 가속 운동을 합니다. 운동 방향이 바뀌었지만 여전히 근력이 우세한 구간이죠. 그리고 근력과 중력이 균형을 이루는 등속 운동 구간을 지나 감속 운동하며 제자리로 돌아오게 되는데 이때는 다시 중력이 우세한 구간이 되죠.

쁠리에를 내려가는 구간과 올라오는 구간으로 나눠 생각하면 가장 아래로 내려갔을 때가 분기점이 됩니다. 최저점이 분기점이 되면 그 지점에서 모든 변화가 일어나게 되면서 탁 팅기는 느낌을 받기 쉽습니다. 내려갔다가 올라오는 느낌은 마치 V자 모양과 같죠. 하지만 쁠리에를 근력과 중력의 관계로 보면 분기점은 내려가는 도중의 등속 운동 구간과 올라오는 도중의 등속 운동 구간에 위치하게 됩니다.

쁠리에 중간의 등속 구간을 기준으로 살펴보면 무게 중심이 위쪽에 머무는 구간과 무게 중심이 아래쪽에 머무는 구간으로 구분할 수 있습니다. 무게 중심이 위쪽에 머무는 구간은 중력이 근력보다 우세한 구간이 되고 무게 중심이 아래쪽에 머무는 구간은 근력이 중력보다 우세한 구간이 됩니다. 무게 중심이 아래쪽에 머무는 동안에는 근력으로 중력을 이겨내면서 최저점을 부드럽게 통과해 방향 전환을 만들어내죠. 근력이 우세한 구간 중간에 최저점을 통과하기 때문에 부드러운 곡선을 가진 U자형으로 최저점을 통과하는 느낌이 듭니다. 쁠리에를 어떻게 분석하느냐에 따라서 최저점을 통과하는 느낌이 달라지는 것이죠.

쁠리에를 준비하며 서 있을 때 무게 중심은 명치와 단전 사이 어딘가에 있습니다. 서 있는 동안 그 점은 움직이지 않죠. 하지만 중력은 여전히 무게 중심을 아래로 당기고 있습니다. 골격으로 구조를 잘 짜서 무게 중심을 그 위에 얹어놓고 있기 때문에 무게 중심은 탁자 위에 있는 공처럼 그대로 정지해 있게 됩니다. 이제 수도꼭지를 열어 조심스럽게 수돗물이 조금씩 나오게 하듯 골격의 힘을 풀고 구조를 느슨하게 만들어 무게 중심이 내려오게 합니다. 쁠리에의 시작입니다. 이제 멈춰 있던 무게 중심이 슬슬 아래로 내려옵니다. 내려오는 속도가 적당해지면 등속 운동을 유지합니다. 이때가 바로 중력과 내 근력이 같아져 균형을 이룬 상태입니다.

이제 상태를 바꿀 겁니다. 분기점이 여기인 것이죠. 여기부터는 수도꼭지를 살살 잠그기 시작하듯이 내려가는 속도를 서서히 줄입니다. 속도를 줄여가며 내려가던 무게 중심이 이제 최저점에 다다르면서 순간 정지합니다. 정지한 순간에도 근력과 중력의 균형 상태는 관성 때문에 여전히 근력이 우세합니다. 근력 우세 상태에서 잠시 버텨주면 이내 무게 중심이 관성을 이기고 서서히 상승하기 시작할 겁니다. 일부러 힘을 써서 일어나는 느낌이라기보다 근력이 중력을 이기는 상태를 '유지'해주는 느낌입니다. 그래서 U자형 움직임을 느낄 수 있습니다. 더 올라와 등속 운동 구간에 들어가면 이제 근력과 중력은 균형 상태이고 이 균형 상태를 지나면 감속 운동을 하게 됩니다. 이제는 다시 근력을 줄여서 중력을 우세하게 만들어주는 상태인 거죠.

중력에 의해 무게 중심이 아래로 이동하면서도 근력이 우세한 구간이 있는가 하면, 중력을 이기고 무게 중심이 위로 이동하면서도 중력이 우세한 구간이 있습니다. 현재 위치는 이제까지의 움직임이 누적된 결과입니다. 움직임의 원인은 힘이고요. 다만 관성 때문에 힘은 지연(delay)을 두고 위치에 반영됩니다. 브레

가속   등속   감속   가속   등속   감속
중력 우세   균형   근력 우세   근력 우세   균형   중력 우세

중력 우세

균형

근력 우세

70

이크를 밟아도 한동안 차가 앞으로 계속 움직이듯 말이죠. 위치는 힘의 결과이고 우리는 힘을 조절해 원하는 위치에 무게 중심을 옮겨놓습니다. 따라서 반 박자 먼저 힘을 주기 시작하는 것처럼 보이기도 하고, 그렇게 함으로써 끈적하게 움직이는 느낌을 주기도 합니다.

관성 때문에 바로바로 움직임이 바뀌지 않는 사실에 당황하지 말고 힘의 방향만 제대로 유지하고 기다리고 있으면 자연스럽게 아름다운 곡선을 그리며 제자리를 찾아가게 됩니다. 만약 마음대로 움직여지지 않아 당황해 갑자기 큰 힘을 주거나 힘을 놓아버리면 무게 중심의 궤적이 뾰족하게 됩니다. 한번 뾰족한 궤적을 경험하면 모든 것을 멈추고 상태를 초기화시키지 않는 한 계속 뾰족한 움직임을 만나게 됩니다.

쁠리에를 하면서 툭 내려가서 '영차' 하고 올라오는 경우가 많았다면 이제는 중력과 근력의 힘의 균형에 관심을 두면서 움직임을 반 박자 먼저 준비해보세요. 끈적한 궤적을 경험할 수 있을 겁니다. 쁠리에는 어찌 보면 힘의 본질적 특성 중 하나인 관성을 제대로 느끼는 동작입니다. 쁠리에는 중력과 내가 추는 빠 드 두(pas de deux)라고나 할까요.

8. 쁠리에

벌거숭이 임금님

몸이 무척 피곤해 바닥에 붙은 듯 누워 있을 때 혼자 힘으로 일어나기는 쉽지 않습니다. 양자 역학에서는 이렇게 에너지가 바닥나서 가라앉은 상태를 기저 상태 또는 바닥 상태라고 합니다. 꼼짝할 수 없을 정도로 기운이 없어 여간해서는 움직이기 쉽지 않다는 것은 좋게 말하면 매우 안정적인 상태라고도 할 수 있습니다. 그냥 놔두면 이 상태에서 마냥 머물러 있을 테니까요. 반대로 에너지가 기준치보다 높은 상태는 여기(勵起) 상태 또는 들뜬 상태라고 합니다. 이 상태로 오래 머물긴 힘듭니다. 에너지가 자발적으로 방출되면서 더 안정적인 기저 상태로 돌아가려는 경향이 있기 때문입니다.

쁠리에도 기저 상태와 여기 상태가 있습니다. 다리를 완전히 펴고 서 있을 때와 다리를 굽히고 바닥에 내려와 있을 때가 기저 상태라고 볼 수 있습니다. 잘 짜 맞춰진 골격 위에 몸의 무게 중심을 올려놓고 쉴 수 있는 상태이니까요. 서 있을 때 몸을 약간 앞으로 기울여서 발바닥 아치 중심에 위치한 압력 중심 상공에 무게 중심을 두면 근육의 힘마저 풀고 편하게 설 수 있어 기저 상태라고 할 수 있습니다. 다리를 굽혀 내려와 있을 때에도 화장실에 와 있는 듯 편하게 쪼그리고 앉으면 이완을 통해 기저 상태로 진입할 수 있습니다. 기마 자세처럼, 서 있는 자세와 쪼그리고 앉은 자세 중간 어디쯤의 자세라면 들뜬 상태라고 볼 수 있습니다. 들뜬 상태에서 오래 머무는 일은 힘듭니다. 어떻게든 바닥 상태로 가려는 경향이 생깁니다.

바닥 상태로 일단 한번 들어갔다가 빠져나오려면 상당히 큰 에너지가 필요합니다. 따라서 쁠리에를 할 때는 서 있을 때나 앉아 있을 때 이완 상태로 빠지지 않도록 몸을 탄성 있는 긴장 상태로 유지해야 곧바로 다음 동작을 이어갈 수 있습니다. 몸 안에 스프링과 지렛대를 여기저기 세워서 긴장 상태를 만들어야 하는 거죠. 만약 바닥과 내 엉덩이 사이에 탄성 좋은 스프링이 있다면, 쁠리에를 할 때 아래로 내려가면서 그 스프링을 눌러 에너지를 채워놓을 수 있겠죠. 엉덩이와 바닥 사이에 스프링으로 만든 의자가 있고, 그 스프링 의자 위에 앉은 채로 머무를 수 있다면 기저 상태로 들어가는 일 없이 스프링의 탄성의 도움으로 언제든 움직일 수 있는 상태를 유지할 수 있을 겁니다.

그런데 쁠리에를 할 때 "엉덩이 밑에 큰 스프링 의자가 있다고 생각하고 내려가라"라고 한 선생님의 코멘트를 들으면 엉덩이 밑에 스프링이 진짜 있나 보다 하고 상상의 스프링 위에 털썩 앉게 됩니다. 하지만 사실 선생님이 이야기하는 그런 스프링은 없습니다. 임금님 눈에만 보이는 스프링입니다. 다들 엉덩이 밑

에 스프링이 보이는 듯 행동하지만 사실 스프링이 없다는 것을 빨리에를 해본 사람이라면 누구나 알게 됩니다. 스프링이 있다고 생각하고 앉지만 결국 털썩 주저앉게 됩니다. 그러면 웰컴 투 바닥인거죠. 발레 선생님의 코멘트는 거기 스프링이 있다는 얘기가 아니라, 내 몸의 근육과 골격을 재료 삼아 그곳에 스프링을 만들라는 얘기일 겁니다. 발레의 재료는 내 몸입니다. 아이언맨처럼 수트를 입을 수도 없으니까요.

제대로 작동하는 스프링을 만들기 위해서 내 몸이 만드는 스프링이 하는 일에 대해 알아봐야겠습니다. 스프링은 내가 앉으려고 할 때 저항합니다. 저항하면서도 결국은 접히긴 하는데 접히면서 에너지를 축적합니다. 근육을 써서 이런 역할을 하는 스프링을 만들라는 얘기죠. 다리를 굽혀 내려갈 때 굽혀지는 관절은 세 개입니다. 엉덩 관절, 무릎, 발목, 세 관절을 구부리면서 내려갑니다. 세 관절 중 가운데 있는 무릎 관절은 주도적으로 움직이는 관절은 아닙니다. 발목과 엉덩 관절의 굽힘을 잘 이어주는 역할을 하고, 무릎 관절의 굽혀짐은 수동적이어서 다른 두 관절의 움직임이 중간에 반영된 결과일 뿐입니다.

그러니 우선 엉덩 관절과 발목을 봅시다. 쁠리에로 내려갈 때 발목과 엉덩 관절 모두 굽혀집니다. 이때 스프링이 있는 듯 '저항감'을 주기 위해 발목과 엉덩 관절을 '펴는 것처럼' 근육을 써봅니다. 실제로는 관절을 굽히면서 근육은 반대로 관절을 펴는 방향으로 쓰는 것이죠. 근육의 신장성 수축의 느낌과 비슷할 겁니다. 일반적으로 수축하면서 힘을 내는 근육을 늘려주면서 버티듯 힘을 쓰는 것을 신장성 수축이라고 합니다. 발목과 엉덩 관절이 굽혀지고 펴질 때 어느 근육을 어떻게 쓰는지 알아봐야 겠습니다.

편하게 앉아서 발목을 접었다 폈다 해보면서 종아리 근육의 움직임을 살펴보겠습니다. 발목을 뿌앙뜨(pointe) 하듯 펴면 종아리 근육이 무릎 뒤쪽, 즉 오금 쪽으로 올라 붙는 것을 느낄 수 있습니다. 플렉스(flex) 하듯 발목을 굽히면 종아리 근육이 뒤꿈치 쪽으로 주욱 내려가면서 늘어나죠. 엉덩 관절을 굽히면 허벅지 뒤편 근육이 주욱 늘어나면서 뒷무릎, 오금 쪽으로 딸려 내려가는 것이 느껴집니다. 이때 엉덩 관절을 펴면 허벅지 뒤편 근육이 엉덩이 밑을 딱 받쳐줍니다.

이제는 쁠리에를 하면서 근육을 평소와 반대로 써보려고 노력해보겠습니다. 아무것도 의식하지 않고 편하게 쁠리에를 하면 발목과 엉덩 관절이 굽혀지면서 종아리 근육과 허벅지 뒤 근육은 아래로 당겨져 내려옵니다. 이제 자연스러운 움직임의 방향을 알았으니, 저항감을 주어 스프링을 만들기 위해 근육을 반대로 써보겠습니다. 쁠리에를 하면서 종아리 근육은 위로 밀어 올려서 종아리 알이 오금에서 뭉치는 느낌이 들도록 하고, 허벅지 뒤편 근육도 마찬가지로 위로 밀어서 엉덩이 밑에서 뭉치게 해봅니다. 근육을 위로 밀어 올리는 일이니 무게 중심도 조금은 위로 올라가게 되어 밸런스에 도움이 되는 것은 덤으로 얻는 효과입니다.

시각적으로 설명해보면 발 뒤꿈치에서 무릎 뒤로 이어지는 종아리 근육의 중심부 근처의 어느 지점을 무게 중심이라고 생각해볼 수 있습니다. 종아리 근육 모양은 위쪽이 두꺼우니 무게 중심은 약간 위쪽으로 올라가 있을 겁니다. 그 지점을 위로 끌어올리겠다고 의식하며 손으로 근육을 위로 쓰다듬어보기도 하고, 근육을 쓸어 올리면서 또 위로 당겨봅니다. 허벅지 뒤편 근육도 마찬가지입니다. 약간 위쪽에 무게 중심이 있다고 생각하고 그 지점을 엉덩이 쪽으로 끌어올리겠다는 마음으로 쁠리에를 해보는 겁니다.

이런 방식으로 근육을 쓰면서 쁠리에를 해보면 탄성과 탄력이 느껴집니다. 쁠리에로 내려갈 때 근육은 이미 올라가는 방향으로, 즉 관절을 펴는 방향으로 쓰고 있었기 때문에 쁠리에 저 점에서 관절을 쉽게 펴서 올라올 수 있습니다. 결과적으로 반 박자 일찍 움직인 것이죠. 또 근육을 이처럼 위쪽 방향으로 당겨서 쓰면 몸속 곳곳에 숨어 있는 지렛대가 활성화되기도 합니다. 가령 를르베(relevé)를 할 때는 발 속에 숨어 있는 지렛대를 활용하게 되는데, 종아리 근육으로 발뒤꿈치를 당겨 들어 올리는

식입니다. 또 데블로뻬(développé)처럼 다리를 들어 올리는 동작
도 엉덩 관절 안에 숨어 있는 기중기나 크레인 방식의 지렛대를
활성화하는 것이 그 시작점이고요. 쁠리에는 발목과 엉덩 관절
에 숨어 있는 두 지렛대를 동시에 활성화해 근육을 바로 사용할
수 있도록 준비하는 것이죠.

　쁠리에 동작은 엉덩이 밑 스프링의 도움도 받지만, 몸 전체
를 크레인과 같은 지렛대로 쓰는 움직임이기도 합니다. 벽에 머
리, 등, 허리, 엉덩이, 뒤꿈치를 모두 붙이고 서보세요. 발은 1번
발자세, 6번 발자세 모두 해볼 텐데, 먼저 턴아웃 하고 1번 발자
세로 섭니다. 벽에 몸의 뒷면을 다 붙이고 서서, 이제 천천히 다
리를 굽혀 쁠리에로 몸을 내립니다. 몸의 상체는 가능한 한 벽에
붙인 채로 쓸어서 내려옵니다. 그동안 배운 쁠리에 요령을 모두
적용시켜봐도 내려오는 도중에 몸이 앞으로 쏟아지며 넘어지게
됩니다. 턴아웃이 완벽하지 않으면 다리를 굽히는 과정 중에 하

체의 무게 중심이 점차 앞으로 이동하게 되고 균형을 유지하기 위해서 상체의 무게 중심은 그만큼 뒤로 옮겨져야 합니다. 이때 상체는 벽 때문에 뒤쪽으로 이동하지 못하고 몸 전체의 무게 중심이 앞쪽으로 쏠리면서 몸이 앞으로 넘어지는 것입니다.

이제 6번 발자세로 같은 쁠리에 동작을 해봅니다. 어려움 없이 앞으로 넘어지지 않고 끝까지 앉았다 일어날 수 있을 겁니다. 앞으로 나와 있는 발이 '책장의 발' 역할을 해서 앞쪽으로 이동하는 무게 중심을 받쳐줄 수 있기 때문입니다. 1번 발자세에서는 '책장의 깊이'가 얇아지기 때문에 쉽게 앞뒤로 넘어지는 것이고요.

이제 몸에 기중기의 원리를 적용해보겠습니다. 상체는 아까처럼 머리부터 엉덩이까지 벽에 붙이고, 발은 벽으로부터 한 발짝 또는 반 발짝 정도 앞으로 떨어뜨린 채 서봅니다. 그러면 하체가 벽에서 바닥까지 경사를 이루게 되죠. 발자세는 1번입니다. 이 상태에서 아까처럼 상체를 벽에 붙인 채 쁠리에로 내려와보세요. 발을 벽에 붙였을 때보다 훨씬 안정적으로 내려올 수 있고, 또 일어설 때도 생각보다 수월합니다. 발을 시작으로 다리가 크레인의 팔과 같은 역할을 하며 상체를 내리고 올리는 원리입니다.

실제 무용수가 쁠리에 하는 모습을 옆에서 찍은 영상이나 사진을 보면 상체는 곧바로 서 있는데 발은 상체보다 약간 앞쪽으로 나와 있어서 다리가 앞쪽으로 경사를 이루는 모습을 종종 발견합니다. 방금 벽에 기대어 설 때처럼 발을 한 발짝 앞으로 내보내고 선 것이죠.

1번 발자세에서는 6번 발자세와는 달리 '책장의 발' 효과를 기대할 수 없습니다. 다리 전체를 턴아웃 했기 때문에 옆에서 볼 때는 매우 얇은 책장처럼 보일 겁니다. 대신 골반에서 제대로 턴 아웃을 하면 상체가 벽에 밀착되면서 위쪽 방향으로 밀려 올라 가면서 단단하게 설 수 있습니다. 몸 안쪽에서 척추를 바깥쪽으로 밀어내는 느낌이 들 정도로요. 1번 발자세를 하면서 책장의 발을 잃은 대신 턴아웃이 상체를 뒤로 밀어서 안정성을 확보하는 것이죠. 이 상태에서 쁠리에를 하면 크레인과 같은 지렛대 효과를 몸 전체에 적용할 수 있습니다.

여기가 지렛대이고 저기가 스프링이라고 일일이 따져가며 몸 여기저기에 숨어 있는 장치를 안다고 해서 발레 동작이 더 잘되는 것은 아닙니다. 다만 선생님이 상체를 뒤로 밀라고 할 때, 발바닥을 펴라고 할 때, 아킬레스건을 세우라고 할 때 그것이 무엇을 의미하는지는 이해할 수 있습니다. 발레를 전공하거나 전문적으로 배우지 않았기 때문에 발레 동작을 능숙하게 수행해내지는 못해도, 우리가 가진 지식과 경험에 비춰 발레 동작을 관찰하고 해석하면 각자의 방법으로 발레 동작을 배울 수 있습니다. 그러한 경험들을 함께 나누는 것도 큰 즐거움입니다.

9. 롱 드 장브 아 떼르

달의 공전

만유인력은 질량을 가진 두 물체가 서로 당기는 힘입니다. 사람이 땅 위에 서 있을 수 있는 것도 지구와 사람이 서로 당기기 때문입니다. 그런데 지구의 질량이 매우 크기 때문에 현실에서는 지구가 사람을 당기는 것처럼 느껴지는 것입니다. 서로 당기는 두 물체가 얼마나 멀리 떨어져 있는지도 만유인력의 주요한 변수가 됩니다.

만유인력의 크기는 두 물체의 무게 중심 사이 거리의 제곱에 반비례합니다. 우리가 길에서 스쳐 지나가는 사람에게 이끌려가지 않는 것은 사람의 체중 정도로는 아무리 거리가 가까워도 체감할 만한 만유인력을 만들지 못하기 때문입니다. 그렇다 해도 내가 주위 사람을 끌어당기는 만유인력은 내 체중에 비례합니다. 어쩌면 날씨가 스산해지는 가을마다 우리가 살을 찌우는 이유는 스쳐 지나가는 짝을 조금이라도 더 강한 만유인력으로 끌어당기기 위해서일지도 모르겠습니다.

달이 어떻게 생성됐는가에 대해서는 아직까지 여러 가설만 제시됐을 뿐입니다. 가장 유력한 설은 지구가 처음 만들어질 무렵 지구의 절반 크기만 한 다른 별이 지구와 충돌해 하나로 합쳐져 새로운 지구가 만들어졌고, 그 충격으로 인해 그중 일부가 튀어나와 달이 됐다는 가설입니다. 달의 반지름은 지구 반지름의 약 1/4배, 부피는 1/50배 정도입니다. 달의 질량은 지구 질량의 1/81 정도이고 달의 밀도는 지구 밀도의 0.62배로 달이 지구보다 성깁니다. 달의 크기는 지구의 0.27배, 달의 질량은 지구의 1/81배이므로, 결과적으로 달의 중력은 지구 중력의 1/6 정도입니다. 따라서 지구에서 몸무게가 60킬로그램인 사람은 달에서는 10킬로그램이 됩니다. 달에서는 훨씬 몸이 가볍게 느껴질 것이므로 발레가 더 잘될지도 모르겠습니다. 반대로 달에 사는 사람들이 지구에 와서 발레를 하면 정말 힘들 수도 있겠고요.

지구와 달을 각각 놓고 비교하는 것도 의미 있지만 사실 지구와 달은 눈에 보이지 않는 만유인력으로 연결돼 있어 함께 살펴봐야 합니다. 달은 지구 주위를 약 27일의 주기로 돌고 있습니다. 달이 지구를 공전하는 속도는 초속 1킬로미터 정도 됩니다. 시속으로 따지면 3600킬로미터이니 엄청나게 빠른 속도입니다. 달은 지구 주위 궤도를 빠른 속도로 돌면서 지구에서 멀어지려는 원심력을 갖지만 같은 크기의 만유인력으로 지구가 달을 당기고 있어서 달이 지구 영향권을 탈출하지 않고 계속 돌고 있는 것이죠. 그래도 달은 1년에 3.8센티미터씩 지구로부터 멀어지고 있습니다. 지구와 달은 천천히 헤어지는 중이죠.

지구와 달은 생각보다 멀리 떨어져 있습니다. 지구와 달의 거리는 달이 지구를 공전하는 궤도의 반지름이죠. 이 길이가 무려 38만 킬로미터나 됩니다. 지구와 달 사이에 지구가 30개 정도 들어가는 거리입니다. 달로 치면 111개 정도가 들어가는 거리고요. 밤하늘에 달이 꽤 크게 보이는 것치고는 참 멀리 있습니다. 이렇게 멀리 떨어져 있지만 지구와 달은 서로 엄청난 힘으로 서로 당기고 있습니다. 지구와 달이 서로 당기는 힘은 에베레스트 산 11억 개가 지구 표면 위에 있는 무게와 같습니다(힘과 무게는 단위가 같은 물리량이므로 직접 비교가 가능합니다). 지구와 달의 인력에 의해서 밀물과 썰물이 생기고 조수간만의 차가 생길 정도니까요.

이처럼 지구와 달은 서로 멀리 떨어진 두 개의 천체이지만 만유인력으로 연결되어 있어 하나의 체계로 봐야 합니다. 따라서 지구와 달을 합친 천체의 공통 무게 중심이 어디에 있는지도 살펴봐야죠. 지구인의 입장에서는 달이 지구 주위를 돈다고 생각하지만 사실은 지구와 달의 공통 무게 중심 주위를 지구와 달이 각각 돌고 있는 것이죠. 태양 주위를 지구가 홀로 공전하고 있다고 생각하지만 지구와 달의 공통 무게 중심이 태양 주위를 공전하고 있다고 보는 것이 더 타당합니다.

지구와 달의 공통 무게 중심은 다행히 지구 안에 있습니다. 지구 중심에서 달이 있는 방향으로 약 4000킬로미터 지점에 있습니다. 지구 반지름이 대략 6400킬로미터쯤 되니까 지표면에서 지구 중심을 향해 1/3쯤 들어가면 지구와 달의 공통 무게 중심의 궤도를 만날 수 있습니다. 공통 무게 중심은 여전히 지구 내부에 있기는 하지만 생각보다 지구 중심에서 많이 벗어나 있습니다.

지구의 중심은 지구와 달의 공통 무게 중심을 회전의 중심으로 삼아서 반지름 4000킬로미터의 궤도로 돌고 있고요. 달도 공통 무게 중심을 돌고 있지만 지구보다 가볍기 때문에 지구의 궤도보다 훨씬 큰 궤도로 돌고 있습니다. 공통 무게 중심이 지구의 중심에서 달 쪽으로 꽤 많이 비켜난 곳이어서 지구는 마치 중심을 잘못 잡아 만든 불량품 팽이처럼 뒤뚱거리며 돌고 있습니다. 달이 지구를 공전하면서 지구를 마구 흔들고 있습니다. 롱 드 장브 아 떼르(rond de jambe à terre)를 할 때 우리 몸이 흔들리는 것과도 비슷하겠네요.

　롱 드 장브 아 떼르는 몸통과 서 있는 다리는 고정한 채 움직이는 다리(working leg; 일하는 다리라고도 합니다)로 바닥에 반원을 그리듯 회전하는 동작입니다. 나머지 몸은 딱 고정하고 오로지 움직이는 다리만 회전합니다. 하지만 이건 착각이죠. 움직이는 다리와 우리 몸은 연결돼 있습니다. 마치 달이 지구 주위를 공전하듯이 움직이는 다리는 앞, 옆, 뒤로 반원 모양의 궤도를 따라 계속 움직입니다. 달에 해당하는 움직이는 다리의 무게 중심은 아마 무릎 부근에 있을 겁니다. 종아리보다는 허벅지가 더 두껍기 때문에 무게 중심은 무릎에서 약간 위쪽에 위치합니다. 움직이는 다리를 제외한 우리 몸의 무게 중심은 명치 배꼽 라인으로부터 서 있는 다리 쪽으로 치우치고 약간 위쪽으로 이동하게 됩니다. 즉 지구에 해당하는 나머지 몸의 무게 중심은 몸의 중심 라인에서 벗어나 서 있는 다리 쪽의 옆구리 부근으로 옮겨갑니다. 즉 '지구'의 무게 중심은 서 있는 다리의 옆구리 부근, '달'의 무게 중심은 움직이는 다리의 무릎 부근에 위치합니다.

몸 전체의 무게 중심, 즉 공통 무게 중심은 땅뒤(tendu) 동작에서 발을 뻗었을 때 무게 중심의 위치와 같습니다. 즉 공통 무게 중심은 움직이는 다리를 뻗어낸 방향으로 약간 치우치게 됩니다. 이렇게 몸의 중심 라인에서 벗어난 공통 무게 중심은 롱드 장브(rond de jambe)에서는 움직이는 다리를 따라 원 모양으로 움직이게 됩니다. 즉 롱 드 장브에서 발이 앞으로 나가면 무게 중심도 몸통 안에서 약간 앞으로 이동하고 발이 반원을 그리면서 다리가 움직이면 몸의 공통 무게 중심도 몸통 안에서 반원을 그리면서 움직이게 됩니다. 지구의 위치를 고정하고 관찰하면 공통 무게 중심이 공전하는 달에 이끌리듯 지구 안에서 반지름 4000킬로미터인 원 궤도를 따라 이동하는 것처럼 보입니다. 다리가 다시 1번 발자세로 돌아오면 비로소 공통 무게 중심도 명치와 단전 부근으로 돌아오죠.

문제는 롱 드 장브를 할 때 '몸통의 무게 중심'이 움직이면 안된다는 선생님의 코렉션을 따라야 한다는 점이죠. 과학적으로는 움직이는 다리뿐만 아니라 몸통도 공통 무게 중심을 회전의 중심으로 삼아 돌아야 자연스럽습니다. 몸통을 고정한 채 다리만 움직이려고 하면 결과적으로 다리의 움직임을 따라 공통 무게 중심이 회전하게 됩니다. 공통 무게 중심이 흔들리면 몸 전체가 균형을 잃고 흔들리게 되고요. 분명 움직이는 다리가 돌면 나머지 몸도 다리를 따라서 돌게 됩니다. 맷돌을 돌리는 사람을 관찰하면 손으로 맷돌을 돌리면서 몸도 흔들흔들 움직여야 보기에 자연스럽습니다. 몸은 꼿꼿이 고정된 채 손으로만 맷돌을 돌린다고 상상해보세요. 자연스럽지 않겠죠. 무서울 겁니다.

균형을 유지한 채 다리를 돌려 롱 드 장브를 하려면 어떻게 해야 할 지 몇 가지 생각해봅시다. 일단 몸통의 무게 중심이 아니라 공통 무게 중심을 고정해야 합니다. 몸통을 고정하고 공통 무게 중심을 회전하게 두면 우리 몸은 축이 어긋난 팽이처럼 흔들리면서 회전하게 됩니다. 실제로 롱 드 장브를 할 때 다리의 움직임에 따라 몸이 앞, 옆, 뒤로 흔들리는 경험을 한 적이 있을 겁니다. 공통 무게 중심이 흔들릴 때 몸은 흔들리는 느낌을 갖게 됩니다. 움직이는 다리와 몸통이 공통 무게 중심을 가운데 두고 서로 회전하게 해야 공통 무게 중심을 고정시킬 수 있습니다.

사실 우주에는 수많은 천체가 있고 화성이나 금성같이 지구와 인접한 행성들도 있습니다. 때에 따라서는 이들 행성과 가까워지는 때도 있습니다만 서로 영향을 받지 않는 이유는 멀리 떨어져 있기 때문입니다. 이 넓은 우주에서 지구와 의미 있는 영향을 주고받는 천체는 태양과 달뿐이죠. 태양은 아주 멀리 있지만 매우 무겁기 때문에 지구에 영향을 줄 수 있습니다. 이제부터는 움직이는 다리는 달, 나머지 몸은 지구, 발레 홀 반대편에서 날카로운 눈으로 지켜보는 선생님은 태양으로 보면 되겠네요.

이제 움직이는 다리를 따라서 몸이 흔들리는 정도를 줄일 수 있는 방법을 알아봐야겠습니다. 움직이는 다리의 무게 중심과 몸통의 무게 중심을 가깝게 모으는 것이 해결책입니다. 움직이는 다리를 들고도 균형을 잡을 수 있도록 나머지 몸통의 무게 중심을 재조정해 서 있는 다리 위에 둡니다. 움직이는 다리를 곧게 펴되, 종아리와 허벅지 근육을 엉덩 관절 쪽으로 당겨서 다리의 무게 중심을 엉덩 관절 방향으로 최대한 당겨옵니다. 움직이는 다리의 발쪽에서 엉덩 관절 쪽으로 대포를 쏜다고 생각하면 대포알은 움직이는 다리를 따라 날아가다가 서 있는 다리 쪽 옆구리를 뚫고 나갈 겁니다. 옆구리가 가능한 한 대포알을 막아보려고 애쓰다가 놓친 느낌으로 몸을 당기듯 펴줍니다.

움직이는 다리의 근육을 엉덩 관절 쪽으로 당겨서 쓰면 움직이는 다리의 무게 중심이 몸의 중심 쪽으로 움직여서 공통 무게 중심을 (명치와 단전을 잇는) 몸의 중심선 쪽으로 약간이나마 밀어주게 됩니다. 또 나머지 몸도 움직이는 다리 반대편 사선으로 뻗어주듯 힘을 주면 공통 무게 중심을 조금 더 당겨주게 돼 결국 공통 무게 중심을 몸의 중심선 가까이 옮겨올 수 있습니다. 움직이는 다리 반대쪽 사선으로 몸통을 밀어주면 움직이는 다리가 움직일 때마다 나머지 몸통의 무게 중심도 움직이는 다리의 반대편으로 움직인다는 이야기입니다. 다리가 반원을 그리면서 움직이면 반대편에서 몸통도 같은 방향으로 반원을 그리며 움직이게 되죠. 지구와 달처럼요.

움직이는 다리의 회전을 상쇄하는 방향으로 나머지 몸통을 움직여 공통 무게 중심을 항상 일정한 자리에 두면 결국 몸은 흔들리지 않게 됩니다. 몸 전체의 무게 중심이 흔들리지 않으면 흔들리지 않는 것이니까요. 움직이는 다리를 앞으로 뻗으면서 아주 살짝 몸을 뒤로 보내주고, 움직이는 다리를 뒤로 뻗으면서 나머지 몸을 아주 살짝 앞으로 보내주는 식으로 움직입니다.

움직이는 다리를 뻗을 때 골반이 따라 나가지 않게 하라는 선생님의 코렉션은 움직이는 다리의 무게 중심을 몸 쪽으로 당기라는 이야기입니다. 서 있는 다리를 주욱 펴서 그 위 상체까지 계속 위로 올라가라는 코렉션은 (움직이는 다리를 따라가지 말고) 서 있는 다리 옆구리 쪽으로 나머지 몸을 당겨주라는 이야기입니다. 결과적으로 몸 전체의 공통 무게 중심은 움직이는 다리를 뻗어 움직이는 동안에도 중심부 가까운 곳에 머무르게 되면서 우리는 흔들리지 않으면서 롱 드 장브 동작을 하고 있다고 느끼게 됩니다.

롱 드 장브에 지구와 달의 움직임이 숨어 있다고 생각하면 롱 드 장브를 잘하기 위해 지구와 달의 움직임을 더 자세히 들여다보고 싶어집니다. 놀라운 이야기 하나 더 해드릴까요? 사실 달이 지구를 도는 궤적은 원이 아니라 타원입니다. 75년 또는 76년을 주기로 지구에 접근하는 핼리 혜성의 주기를 밝힌 에드먼드 핼리가 뉴턴을 찾아가 태양을 도는 지구의 궤도가 어떤 모양일지 물었다는 일화는 유명합니다. 마침 그 문제에 대해 수년간 고민했었던 뉴턴은 바로 타원이라고 답했다고 합니다. 만유인력으로 인해 지구 위에서 물체의 궤적은 포물선, 우주에서는 타원이 되죠. 혹시 롱 드 장브의 움직이는 다리 궤적도 자연 법칙을

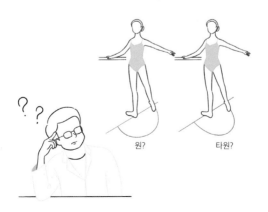

원?   타원?

따라 원이 아니라 타원인 것은 아닐까요?

만약 롱 드 장브의 궤적이 타원이라면 롱 드 장브를 잘하기 위해 쓸 수 있는 팁을 자연 속에서 몇 개 더 찾을 수 있지 않을까 해서 여러 발레 선생님들에게 롱 드 장브의 궤적이 원으로 느껴지는지 타원으로 느껴지는지 여쭤본 적이 있습니다. 모두 원이라고 단호하게 말씀하셔서 롱 드 장브 궤적에 대한 탐험은 여기서 멈추게 됐습니다. 마치 갈릴레이가 그랬듯 이렇게 되뇌며 말이죠.

"그래도 롱 드 장브는 타원이다."

10. 를르베, 뽀르 드 브라, 데블로뻬
내 몸속 지렛대

우리 몸에는 지렛대의 원리로 움직이는 관절이 생각보다 많습니다. 어깨 관절과 엉덩 관절이 대표적이죠. 물리학에서 일(에너지)은 힘과 움직인 거리의 곱으로 구할 수 있습니다. 2 곱하기 8이나 4 곱하기 4, 모두 16이죠. 즉 16이라는 일을 하기 위해 2의 힘으로 8만큼 이동시켜도 되고, 4의 힘으로 4만큼 이동시켜도 됩니다. 큰 물레방아를 이용해 회전축으로부터 멀리 떨어진 궤적을 그리며 회전 운동을 시키면 훨씬 긴 경로를 거쳐야 하지만 힘은 덜 듭니다. 작은 물레방아를 이용해 회전축으로부터 가까운 궤적을 그리며 돌리려고 하면 이동 경로는 짧아지지만 큰 힘이 필요하고요. 맷돌을 돌릴 때 맷돌 위 가장자리가 아닌 회전축 가까이에 어처구니를 꽂게 돼 있다면 맷돌을 돌리기가 훨씬 힘든 것과도 비슷합니다. 지렛대도 이러한 원리를 이용합니다. 이동하는 거리와 힘을 재배분해 작은 힘으로 움직임을 시작할 수 있게 해주죠.

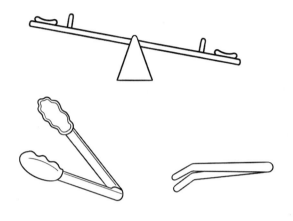

　우리가 놀이터에서 흔히 접하는 시소도 지렛대이고, 일본 라멘집에서 볼 수 있는 테이블용 마늘 다지기도 지렛대입니다. 핀셋이나 집게 같은 것도 지렛대의 일종이고요. 각각 1형, 2형, 3형 지렛대라고 부르기도 하지만 굳이 기억할 필요는 없습니다. 단지 지렛대는 회전 운동을 전제로 하므로 회전축이 되는 '받침점'이 어디인지, 내가 힘을 주는 '힘점'은 어디인지, 내가 준 힘이 실제로 작용하는 '작용점'은 어디인지 정도만 살필 수 있어도 좋은 눈썰미를 가졌다고 할 수 있습니다.

　어깨에 숨은 지렛대를 찾아봅시다. 회전축이 되는 받침점은 어깨 관절입니다. 어깨 관절을 중심으로 팔 윗부분인 상완이 회전하면서 팔을 들어 올리기도 하고 아래로 내리기도 합니다. 앙 바(en bas)에서 알 라 스꽁드(à la seconde)를 거쳐 앙 오(en haut)로 갈 때 상완이 어떻게 움직이는지 관찰하면, 어깨 관절을 중심으로 회전 운동이 생기는 것을 관찰할 수 있습니다. 팔을 들어 올

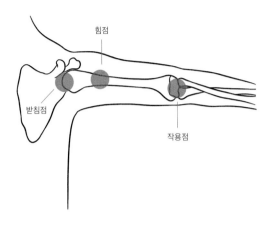

힘점

받침점

작용점

리는 근육은 어깨와 상완의 윗부분을 이어주듯 붙어 있습니다. 따라서 어깨를 지렛대로 생각할 때 내가 힘을 주는 힘점은 어깨 관절에서 상완 쪽으로 5~10센티미터 떨어진 곳입니다. 어깨 근육이 상완에 붙는 곳이죠. 그곳을 당겨 몸속 지렛대의 작용으로 팔 전체를 들어 올리는 것입니다.

지금 들어 올리는 것이 팔이므로 힘이 작용하는 작용점은 팔 전체의 무게 중심이 됩니다. 팔의 무게 중심을 찾으면 대략 팔꿈치 부근입니다. 정확하게는 상완이 하완보다 무거울 테니 팔꿈치에서 어깨 쪽으로 약간 이동한 어디쯤이겠지요. 어깨 관절은 3형 지렛대입니다. 3형 지렛대는 힘의 이득이 없어 오히려 더 큰 힘을 써야 하지만 동작의 범위를 증폭시켜주는 원리입니다. 큰 힘으로 작은 무게를 들게 되므로 정밀한 작업도 가능하고요. 핀셋이 3형 지렛대의 대표적인 예입니다.

엉덩 관절도 어깨와 마찬가지로 3형 지렛대입니다. 회전축이 되는 받침점은 엉덩 관절입니다. 힘이 실제 작용하는 작용점은 다리 전체의 무게 중심이 위치하는 무릎 근처이고, 힘을 줘야 하는 힘점은 허벅지를 들어 올리는 근육이 붙게 되는 부위, 즉 엉덩 관절에서 허벅지 쪽으로 10~20센티미터 남짓 이동한 지점입니다. 따라서 엉덩 관절을 움직여 다리를 움직이려고 한다면 힘점에 집중해야 합니다. 힘점에 힘을 줘 다리를 들어 올리는 것이 지렛대를 제대로 사용하는 방법이기 때문이죠. 빠쎄(passé), 아띠뛰드(attitude)를 거쳐 데블로뻬로 진행할 때 무릎을 들려고 생각하면 안 되는 것도 이 때문입니다.

다시 말하지만 3형 지렛대인 엉덩 관절은 엉덩 관절에 가까운 허벅지 부근이 내가 힘을 주는 힘점이 됩니다. 따라서 빠쎄를 할 때나 아띠뛰드를 진행할 때 무릎을 직접 들면 안 되고 허벅지 안쪽을 들어주는 느낌을 가져야 합니다. 참고로 엉덩 관절에서는 턴아웃도 함께 진행되기 때문에 턴아웃만 잘하면 다리는 저절로 들린다고 합니다.

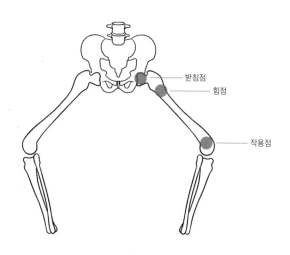

받침점
힘점
작용점

내 몸속 3형 지렛대인 어깨 관절을 이용해야 하는 뽀르 드 브라(port de bras)도 어깨에 가까운 곳, 즉 어깨 지렛대의 힘점을 움직인다는 느낌을 갖는 것이 좋습니다. 옆구리부터 끌어온 힘으로 어깨 가까운 쪽 팔 근육을 써서 팔 전체의 움직임을 만들어야 어깨 관절에 숨어 있는 지렛대를 제대로 쓸 수 있습니다. 손목 관절을 먼저 꺾어서 움직임을 만들기보다는 어깨 가까운 곳의 팔 근육을 주로 사용해 움직임을 만드는 연습을 하면 지렛대를 제대로 사용할 수 있습니다.

팔꿈치는 하완을 움직이는 관절입니다. 팔꿈치 역시 3형 지렛대입니다. 힘점은 팔꿈치에서 손목 쪽으로 5센티미터 정도 이동한 지점입니다. 어깨와 팔꿈치의 힘점들에 힘을 줘서 팔 전체를 움직이는 연습을 해보면 팔이 평소보다 가볍고 정확하게 움직이는 것을 느낄 수 있습니다.

어깨 관절이나 무릎 관절이나 엉덩 관절과는 다르게 발에 숨은 지렛대는 2형 지렛대입니다. 2형 지렛대를 쓰는 발에는 힘의 이득이 있습니다. 발의 힘만 쓰는 까치발로 몸 전체를 들어 올릴 수 있었던 이유가 바로 2형 지렛대에서 발생하는 힘의 이득 덕분입니다.

를르베를 섰다고 상상해보면 회전축이 되는 받침점은 발이 땅에 닿는 부분, 즉 발가락이 시작되는 발볼 부분입니다. 종아리 근육을 당겨 들어 올려지는 힘점은 뒤꿈치입니다. 즉 내가 힘을 주는 곳은 뒤꿈치이고 몸 전체가 들어 올려지는 것이죠. 그럼 몸 전체 무게가 발에 실리고 발에 실리는 몸무게의 중심, 즉 압력 중심이 실제 힘이 작용하는 작용점이 됩니다. 발바닥의 압

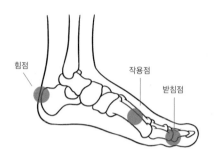

력 중심은 발바닥 아치 부근일 것이고요. 즉 뒤꿈치에 힘을 줘
당겨 올릴 때 발등에 내 몸무게가 실린다고 생각하면 좋습니다.
따라서 를르베를 할 때 내가 신경 써야 하는 힘점은 종아리 근
육이 붙은 뒤꿈치입니다. 다만 발을 단단하게 고정하지 않으면
지렛대의 효과를 제대로 활용하지 못할 뿐만 아니라 부상의 위
험도 있으니 발을 바르게 쓰는 법은 미리 익혀둬야 합니다.

　를르베에 쓰이는 지렛대가 하나 더 있습니다. 땅에서 뒤꿈치
를 들어 올리기 시작할 때는 종아리 근육을 당겨야 하지만 어
느 정도 높이에 이르면 발볼에 숨은 지렛대를 써서 하이 를르
베를 완성하게 됩니다. 두 개의 지렛대를 번갈아 사용하는 것이
죠. 발목이 발볼이나 발가락 위에 완전히 올라오는 하이 를르베
를 완성하려면 발볼에 숨은 지렛대를 사용할 수 있어야 합니다.
이 발볼 지렛대는 시소처럼 생긴 1형 지렛대입니다. 발볼이 받침
대, 발가락이 발볼에 붙는 지점이 힘점, 중족골(발가락과 발목을 잇
는 뼈)이 작용점이 됩니다. 즉 발가락을 눌러 중족골을 수직으로
세우는 지렛대입니다.

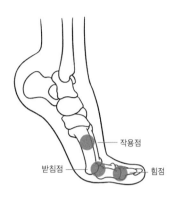

작용점

받침점 ── ── 힘점

　종아리를 당겨 올라가면서 를르베를 시작하게 되지만 종아리를 당기는 힘만으로는 하이 를르베를 완성할 수 없습니다. 뒤꿈치가 어느 정도 올라왔다면 이제 발볼에 숨은 지렛대를 활성화해 중족골을 수직으로 세워야 합니다. 중족골을 세우면 발등이 펴지면서 발볼 위에서 발목을 세우는 완전한 하이 를르베를 완성할 수 있습니다. 하이 를르베를 완성하기 위해서는 두 개의 지렛대를 타이밍에 맞추어 번갈아 사용해야 하는 것이죠. 만약 발볼에 숨은 두 번째 지렛대를 사용하지 못한 채 완전하지 못한 를르베로 춤을 추게 되면 종아리와 아킬레스 건에 무리가 가서 아킬레스 건염 등으로 고생하게 됩니다.

　발레를 전공하거나 무용수 경력이 있는 분들이 걷는 모습을 보면 공통점이 있습니다. 대부분 팔자 걸음을 먼저 떠올리곤 합니다만, 오히려 그보다는 뒤꿈치를 살짝 들고 있는 모습이 더 인상적입니다. 뒤꿈치와 발가락을 잇는 발바닥을 좌악 펴서 안정감을 주고 종아리 근육으로 아킬레스 건을 살짝 당겨 발에 숨은 지렛대를 항상 활성화하는 것이죠. 앞서 쁠리에를 할 때도 종아리 근육을 위로 당기면 무게 중심을 위쪽으로 올릴 수 있어 역학적으로도 이득이라고 언급했습니다만, 종아리 근육으로 뒤꿈치를 당기는 습관은 발에 숨은 지렛대를 활성화하는 효과도 있습니다. 허벅지 근육을 위로 당겨서 엉덩 관절의 지렛대도 활성화하고 옆구리, 등, 상완의 근육도 어깨 쪽으로 당겨서 어깨 지렛대를 활성화하는 것이 발레 준비 자세의 비밀일지도 모르겠습니다.

우리 주변에는 지렛대의 원리를 이용해 만든 물건들이 많습니다. 지렛대의 이점을 잘 살리기 위해서는 사용할 때도 주의를 기울여야 합니다. 올바른 위치를 잡고 정해진 곳에 힘을 써야 합니다. 도구를 사용할 때 엉뚱한 곳을 잡고 사용하면 힘은 힘대로 더 들고 결과도 좋지 않습니다. 몸을 쓸 때도 마찬가지입니다. 를르베를 할 때 힘을 줘 들어 올려야 하는 곳은 바로 뒤꿈치입니다. 종아리 근육으로 아킬레스 건을 당겨 뒤꿈치를 당기는 느낌을 늘 의식하고 까치발을 서야 발에 숨어 있는 지렛대를 제대로 쓸 수 있습니다. 평소 습관대로 발등에 힘을 줘 올리면서 까치발을 서면 발에 숨어 있는 지렛대를 활용할 수 없습니다. 실제로 발등을 올려서 를르베를 서는 느낌과 발뒤꿈치를 당겨서 를르베를 서는 느낌은 전혀 다릅니다. 발에 숨은 지렛대를 활용해 바르게 동작을 한다면 발바닥과 발등은 지렛대의 막대 역할을 하므로 매우 길고 단단하게 쓰는 느낌이 들고, 몸이 들려 올라가는 느낌도 훨씬 가볍고 정교해집니다.

뽀르 드 브라도 마찬가지입니다. 앞에서 설명한 어깨뿐만 아니라 팔꿈치, 손목 모두 지렛대의 원리로 움직입니다. 손을 펄럭

이듯 휘두르면서 팔을 움직이지 말고, 상완은 어깨에 힘을 보내 움직이며, 하완은 팔꿈치에 힘을 보내 움직이고, 손도 손목에 먼저 힘을 보내 움직여보면 훨씬 움직임이 깔끔해집니다. 앙 바에서 알롱제(allongé)로 팔을 움직이면서 어깨 먼저, 그다음으로 팔꿈치, 그러고 나서 손목에 약간의 시차를 두면서 차례대로 힘을 줘 내 몸속 세 개의 지렛대를 모두 사용해 동작을 하면 가볍고 부드러운 움직임을 경험할 수 있습니다. 어차피 탑재된 것이라면 제대로 써야겠죠. 내 몸속 지렛대 말입니다.

파스칼의 물침대

파스칼은 "인간은 자연 가운데서 가장 약한 하나의 갈대에 불과하다. 그러나 그것은 생각하는 갈대다"라는 유명한 말을 남긴 17세기 과학자입니다. 생각하는 갈대는 취미발레인들이 가장 이상적으로 생각하는 인간상이 아닐까요? 갈대처럼 가늘고, 유연하고, 게다가 생각도 할 수 있으니까요.

파스칼은 세계 최초의 계산기를 만들기도 했습니다. 톱니바퀴를 이용해 수를 계산하는 파스칼의 기계식 계산기는 지금에 와서 보면 단순히 숫자를 기억하는 기능을 가진 기계에 지나지 않습니다. 하지만 이미 수백 년 전에 번거로운 계산으로부터 사람을 해방시키고자 했던 창의적 혁신의 산물이었습니다. 이 과학자의 이름을 딴 프로그래밍 언어도 있습니다. 진짜 이름 그대로 파스칼이었고 근래에는 델파이로 이름을 바꾸고 여전히 현역으로 활약 중입니다.

파스칼의 수많은 업적 중 하나는 바로 유체 압력 전달 원리라고도 알려진 '파스칼의 원리'입니다. 유압을 써서 힘의 이득을 얻는 기계 장치를 발명할 수 있게 해준 원리죠. 자동차의 스티어링 휠을 작은 힘만으로 돌릴 수 있도록 도와주는 파워 스티어링 휠도 바로 이 파스칼의 원리를 이용한 장치입니다. 1톤이 넘는데다 시속 수십 킬로미터로 달리는 자동차를 가볍게 페달만 밟아도 멈출 수 있게 해주는 브레이크도 이 원리를 이용합니다. 자동차 정비를 할 때 브레이크 오일을 교환하는 것은 브레이크 작동에 쓰이는 유체가 수명을 다했기 때문입니다.

자동차뿐만 아니라 집 안에도 파스칼의 원리를 적용한 가구가 있습니다. 물을 가득 채운 주머니를 매트리스로 쓰는 물침대입니다. 물이 들어 있는 만큼 침대 위에 누우면 출렁거리는 덕분에 마치 구름 위에 누워 있는 느낌이 들기도 합니다. 매트리스를 채운 물의 비열이 높아서 체온을 일정하게 유지할 수 있게 도와주기도 하고요. 다만 완벽한 방수 처리가 필요해서 제작이 까다롭고, 위생을 위해 매트리스 안의 물을 교체하는 일도 무척 번거롭죠. 혹시라도 장신구 등에 의해 매트리스 표면에 구멍이 나면 타이타닉호처럼 자다가 침몰할지도 모릅니다.

물침대를 만든 이들은 누웠을 때 기분이 좋아진다는 것을 마케팅 포인트로 내세웠지만 사실 더 큰 장점은 그 위에 누워 있는 사람의 모든 부위를 일정한 압력으로 받쳐준다는 것입니다. 아무래도 어깨나 엉덩이처럼 무겁거나 돌출된 부위는 옆으로 누웠을 때 매트리스를 더 누를 수밖에 없습니다. 보통의 스프링 매트리스는 신체를 균일하게 받쳐주지 못할 뿐만 아니라 신체에 밀착되지도 않습니다. 심지어 어떤 부위는 아예 매트리스에 닿지 않기도 합니다. 반면 물침대는 사람의 모든 부위를 일정한 압력으로 받쳐줍니다. 하지만 신체 모든 부위를 같은 압력으로 받쳐주는 것이 생각만큼 편하게 느껴지지 않았던지 물침대를 쓰는 사람을 좀처럼 찾아보기 힘듭니다.

파스칼의 원리가 어떻게 물침대에 적용됐는지 자세히 살펴보겠습니다. 물침대 매트리스 안에 들어 있는 유체(물)는 압력을 고르게 나눠 가지기 때문에 물침대 표면은 항상 일정한 압력을 유지합니다. 어깨든 허리든 엉덩이든 다리든 물침대에 닿는 모든 신체 부위를 모양이나 무게에 상관없이 일정한 압력으로 받쳐주기 때문에 누웠을 때 매트리스에 의해 자세가 변형되는 일이 없습니다. 물론 옆 사람이 돌아 누우면 함께 출렁이기는 하겠지만요.

발레 의상도 파스칼의 원리와 관련이 있습니다. 취미발레의 즐거움 중 하나가 바로 의상입니다. 다양한 의상과 소품이 즐거운 발레 생활을 이어가는 데 큰 역할을 하죠. 워머, 레오타드, 반바지, 타이츠, 슈즈 등 의상의 종류도 무척 다양해서 '장비'라는 말로 퉁쳐서 부르기도 합니다. 발레 의상은 신축성이 좋아 몸에 달라붙기 때문에 처음 발레를 배우려는 사람들에게는 진입 장벽으로 느껴지기도 합니다. 옷을 입고 있어도 몸을 노출하는 기분이 들기 때문이죠. 하지만 막상 발레 의상을 입었을 때 내 몸이 실제 내 몸과는 꽤 많이 다르게 보이고, 심지어 더 멋지게 보이는 것을 경험하면 생각이 달라집니다. 발레 의상을 입었을 때 내 몸이 더 멋져 보이는 것은 발레복 원단의 화려한 색상과 무늬 덕분이기도 하지만 더 중요한 이유는 파스칼의 원리 때문입니다.

사람의 몸은 피부로 덮여 있고, 그 아래에는 지방과 근육, 내장과 골격이 자리 잡고 있습니다. 골격을 제외하고는 모두 외부 압력에 따라 모양이 달라집니다. 사람마다 정도의 차이는 있지만 세게 누르면 눌리고, 누르는 힘을 제거하면 다시 제 모양으로 돌아옵니다. 외부의 힘이 가해졌을 때 자신의 모습이 변하는 성질은 유체의 특징입니다. 물과 공기가 유체의 대표적인 예입니다. 물도 원래 모양이 없지만 병과 같은 용기에 담으면 용기의 모양에 따라 형태가 바뀝니다. 공기도 그렇습니다. 그런 점에서 사람의 몸도 어느 정도는 유체라고 할 수 있습니다.

우리가 달라붙는 옷을 입으면 신체의 윤곽이 그대로 드러날 것 같지만 사실은 옷의 모양에 신체가 맞춰지게 됩니다. 사이즈와 재질을 잘 고르면 그 효과를 극대화할 수 있죠. 옷 안에서 신체가 고르게 분산되고 일정한 압력으로 옷을 팽팽하게 밀어내면서 결국 옷이 의도하는 바람직한 모양으로 신체는 정돈됩니다. 파스칼의 원리가 우리 몸을 아름답게 보이도록 만들어주고 있는 것입니다.

언젠가 발레 의상이 향하는 지향점이 어디일까 고민했을 때 나체라고 생각했던 적이 있습니다. 인간의 신체를 그대로 드러내는 것이 발레 의상의 목적일지 모른다고요. 실제로 서양에서는 20세기 중반부터 나체 무용 공연을 무대에 올리고 있습니다. 1960년대 성적 해방의 흐름을 타고 현대 무용에서는 연극 등 다른 예술 장르보다 더 빈번하게 나체를 등장시키고 있습니다.

발레계로 좁혀 살펴보면 1971년 덴마크 왕립 발레단의 〈죽음의 승리〉와 2005년 러시아 국립 발레단의 〈로미오와 줄리엣〉

공연 당시 나체의 무용수가 등장했다고 합니다. 또 2002년 잉글리시 국립 발레단(ENB; English National Ballet)의 〈백조의 호수〉 공연의 홍보 포스터에는 무도회 장면을 배경으로 옷을 벗은 남자 무용수들이 축구공을 들고 등장하기도 했습니다. 2002년이면 월드컵이 열린 해였죠. 그래서 무도회(ball) 장면에 축구공(ball)을 든 나체 남성 무용수(ball)를 등장시킨 것입니다. 하지만 발레 공연에서는 무용수와 관객 모두 나체를 거북하게 생각한다는 것이 다수 의견입니다. 익숙하지 않기 때문입니다. 특히 유명한 안무가 케네스 맥밀런(Kenneth MacMillan)은 나체 발레의 문제를 구체적으로 지적했습니다. 무용수가 동작을 멈춰도 무용수 신체의 일부는 계속 움직일 것이기 때문에 작품 안에서 멈춤 동작을 살릴 수 없다는 것이 이유였습니다.

하지만 파스칼의 원리를 떠올린 후로는 발레 의상과 나체의 관계를 다른 방향으로 생각하게 됐습니다. 바꿔 말하면 레오타드나 타이츠 같은 발레 의상은 신체의 움직임을 바람직한 선과 면으로 정리해 보여주는 역할을 수행합니다. 신체가 보여주는 선을 매끈하게 정리해주고, 신체가 가진 특유의 굴곡이나 주름이 관객의 시선을 빼앗지 못하도록 깨끗한 면으로 깔끔하게 정리해주죠. 즉 신체의 라인을 강조하고 관객의 시선이 신체의 면보다는 라인에 집중되도록 도와줍니다. 철근 콘크리트로 건물을 짓고 마지막에 미장으로 깨끗하게 면을 정리하듯이 의상으로 무용수의 몸을 정리한다고 생각합니다.

발레 의상의 지향점은 신체의 라인을 방해하지 않고 매끄럽게 흐르도록 표현해주는 것이 아닐까 합니다. 발레 의상은 신체가 공기와 만나는 경계를 어느
각도에서도 정리된 라인으로 보
이도록 도와줍니다. 나체가 보
여주는 신체의 선은 생각보다
매끄럽지 못하니까요. 그래서
발레를 시작하기 전에는 레오타
드나 타이츠가 노출이 심한 의
상이라고 생각할 수 있지만, 막
상 접하고 나면 편견이었음을
알게 됩니다. 파스칼의 원리처
럼 과학적 측면에서 생각하면 오히려 신체를 있는 그대로 보이
지 않게 막아주는 고마운 존재죠.

　발레 슈즈도 의상과 비슷한 기능을 합니다. 주로 한 사이즈
작은 듯한 슈즈를 양말처럼 딱 맞게 신기를 권합니다. 발레 슈즈
는 생각보다 신축성이 없기 때문에 발 모양 그대로 보여주기보
다 발을 슈즈의 모양으로 보이게 해주죠. 슈즈에는 선을 정리하
는 것 이외에 더 중요한 기능이 있습니다. 바로 바닥과의 마찰을
일정하게 유지하는 역할입니다. 발레 슈즈가 어떻게 발과 동작
에 도움이 되는지 살펴보도록 합시다.

　앞서 소개한 파스칼의 원리는 유체에 가해진 압력을 균일하
게 분배하는 현상을 설명해줍니다. 저도 방금 의상이나 슈즈는
사람의 몸이 갖고 있는 유체의 성질을 이용한다고 했었죠. 바닥
과 접하는 발바닥의 면은 평면이 아닙니다. 때로는 땀이나 수분
등에 의해 바닥과의 마찰력이 불규칙하게 변하기도 합니다. 그

런데 슈즈를 신으면 슈즈의 솔(sole) 부분을 통해 바닥에 균일한 압력을 가하게 되고 발은 슈즈의 솔을 통해서 플로어 바닥과 접하게 됩니다. 솔 전체가 균일한 압력으로 바닥을 눌러주면 스텝, 점프, 착지 등의 동작을 할 때 마찰력을 활용하고 대비하는 훈련을 쉽게 해낼 수 있습니다. 마찰력의 크기를 미리 예측할 수 있기 때문입니다. 그래서 무대에서는 맨발로 춤을 추는 것이 슈즈를 신고 춤을 추는 것보다 훨씬 어렵습니다.

같은 것을 보면서 사람마다 다른 것을 느끼고 생각하는 이유는 각자 살아오면서 축적한 경험이 다르기 때문입니다. 다른 사람의 생각이 내 생각과 같다고 기대하면 당황스러운 상황을 만나기도 합니다. 발레 의상이 몸의 선을 그대로 노출시킨다는 생각과 몸의 선을 표준화된 선으로 바꿔준다는 생각이 공존하듯이 말이죠. 하지만 발레 의상은 각자가 가진 몸의 선을 비슷하게 만들어주고, 개성 가득한 몸의 움직임으로 아름다운 선을 표현하도록 만들어진 과학적 산물입니다. 발레에서는 동작을 취하고, 움직이고, 멈추고, 호흡하면서 나만의 선을 표현하는 과정이 가장 중요한 요소입니다. 무용수가 어떤 몸을 가졌는지보다 무용수가 어떤 움직임을 보여주는지가 더 중요하다는 철학이 의상에도 담겨 있다고 취미발레인은 믿습니다.

12. 시야각

한 사람만 보여요

예술의 전당 오페라극장 3층 B블럭의 1열은 제가 가장 좋아하는 자리입니다. 1층 좌석 맨 앞줄에서 공연 보는 것을 좋아하던 때도 있었습니다. 다만 그 자리는 무용수의 움직임은 무척 잘 보여도 전체적인 맥락을 따라가기 힘들어 감정선을 잡기 어렵다는 단점이 있었습니다. 물론 무대가 한눈에 들어오는 뒤쪽 좌석에 앉아도 공연 내용의 감정선보다는 발레 공연을 본다는 데 흐뭇해진 감정을 주로 느끼지만 말이죠. 발레 공연의 인기가 나날이 높아지는 요즘에는 1층 앞자리는 구하기도 힘들어서 이래저래 1층 앞자리는 '신 포도'입니다.

공연장에는 어떤 과학이 숨어 있는지 함께 살펴 봅시다. 연필 한 자루를 귀 뒤에 비스듬히 꽂은 채, 예술의 전당 웹페이지에서 볼 수 있는 오페라극장 무대의 도면을 펼쳐보면 무대의 폭은 18미터, 무대의 깊이는 15미터로 생각보다 정사각형에 가까운 형태입니다. 1층 관객은 정면에서 보기 때문에 무대의 깊이를 잘 가늠할 수 없어 실제보다 가로가 훨씬 긴 형태로 느껴질 것입니다. 그러나 실제 무대는 예상보다 꽤 깊습니다. 관객 눈에 보이는 무대 뒤로 같은 크기의 무대가 하나 더 있고, 무대 좌우로도 비슷한 크기의 무대가 하나씩 더 있는데 공연에 따라 다양한 연출에 활용되거나 무용수들의 대기 장소로 쓰입니다.

관객이 한눈에 볼 수 있는 시야의 범위는 얼마나 되는지도 살펴보죠. 객석 앞쪽에서 보면 시야 범위는 줄어듭니다. 뒤로 물러나서 볼수록 한눈에 볼 수 있는 범위는 늘어납니다. 오페라극장 1층 1열에서 무대 중앙까지의 직선거리는 20미터 정도입니다. 1층의 중앙부, 그러니까 대략 14열쯤 되는 곳에서 무대 중앙까지의 직선거리는 30미터, 1층 가장 뒷자리에서 무대 중앙까지의 거리는 대략 41미터쯤 됩니다. 2층 1열에서 무대 중앙까지는 직선으로 38미터 정도이고, 3층 1열에서 무대 중앙까지는 41미터, 4층 1열에서 무대 중앙까지는 43미터 정도입니다. 무대 깊이가 15미터 정도이니 때에 따라 무용수는 앞으로 5미터, 뒤로 5미터 정도는 움직일 수 있다고 생각하면 됩니다.

그렇다면 사람의 시야각은 대략 어느 정도 되는지 살펴봐야겠습니다. 사람의 시야각은 계층화돼 있습니다. 집중해서 보는 구역은 대략 5도이고 흐릿하게나마 윤곽이 보이는 범위는 꽤 넓어서 100도를 넘어 110도에 이릅니다. 과장해서 말하자면 내 귀까지 보이는 것이죠. 집중해서 볼 수 있는 범위가 5도밖에 되지 않으니 무대 '전체'를 '자세히' 볼 수는 없습니다. 하지만 110도에 이르는 눈의 넓은 시야 범위에는 무대 전체뿐만 아니라 옆자리 관객의 사소한 움직임까지 들어오기 때문에 공연에 집중하는 데 방해가 되기도 합니다. 이래저래 사람의 눈은 공연 보기에는 적합하지 않습니다. 세상이 변하고 사람은 진화해도 아직 우리의 눈은 사냥에 더 적합한 눈입니다.

그림 속 보라색 동그라미를 보면 동그라미 위의 숫자, 아래의 알파벳을 모두 읽을 수 있습니다. 동시에 파란색 사각형도 시야에 넉넉히 들어올 뿐만 아니라 사각형의 형태도 인지할 수 있습니다. 그런데 사각형에 시선을 두면 보라색 동그라미는 시야에 들어오지만 숫자와 글자는 읽을 수가 없습니다. 시야에 들어오긴 하지만 감지할 수 있는 정보량이 많지 않기 때문이죠. 집중해서 보는 시야각은 이처럼 그리 크지 않습니다.

그럼 오페라극장 1층 1열 좌석에서 볼 때 집중해서 볼 수 있는 5도 시야각의 범위는 얼마나 될지 계산해보겠습니다. 삼각함수로 간단하게 구할 수 있습니다. 대략 1.7미터 정도가 됩니다. 무용수가 무대 앞쪽으로 전진해 춤을 출 경우에는 1.3미터로 줄어듭니다. 이 범위라면 딱 한 사람의 무용수를 볼 수 있는 범위입니다. 무용수가 팔을 옆으로 주욱 뻗으면 팔꿈치까지만 선명하게 보일지도 모르겠습니다. 아이맥스 영화를 볼 때처럼 시야에 무대가 가득 차 있고 다른 무용수들도 시야에 들어오기는 하겠지만 아웃포커싱처럼 블러로 처리되고 내 눈에는 오로지 한 명의 무용수가 들어옵니다. 수많은 무용수가 등장하는 무대에서 내가 볼 무용수가 단 한 명일 때 이 자리에 앉아야 합니다.

로열석이라고 불리는 1층 10열 정도에서 무대까지의 거리는 26미터 정도 되고 이때 5도 시야각에 들어오는 무대의 범위는 2.3미터 정도입니다. 2층 1열로 올라가서 5도 시야 범위를 계산해보면 3.3미터, 3층 1열에서는 3.6미터, 4층 1열에서는 3.8미터 정도입니다. 극장 안에서 뒤로 물러나봐야 집중해서 볼 수 있는 5도 시야 범위는 4미터를 넘지 못합니다. 나란히 선 무용수 두 명 정도가 이 범위에 들어옵니다. 무용수가 이 집중 범위에 들어오면 아주 선명하고 자세하게 볼 수 있겠죠.

시야각을 조금씩 넓혀가면 주변부에서 감지할 수 있는 정보량은 계단식으로 툭툭 떨어집니다. 시각 정보량은 시야각 18도에서 한 번 떨어지고 시야각 30도에서 한 번 떨어지고 시야각 60도에서 한 번 더 떨어집니다. 그래도 대략 30도 시야각까지는 꽤 많은 정보량을 감지할 수 있는 구역이 됩니다. 30도를 기준으로 시야 범위를 구해보면 1층 10열 로열석에서는 13미터입니다. 무대 전체 폭이 18미터이므로 이 정도 시야 범위면 어느 정도 무대 중앙부를 한눈에 볼 수 있습니다. 2층 이상에서는 30도 시야각의 시야 범위가 20미터를 넘어가는데 이제 비로소 무대가 한눈에 들어오는 느낌이 들겠죠. 〈지젤〉, 〈백조의 호수〉, 〈라 바야데르〉 등 발레 블랑의 군무를 보기에 참 좋겠네요. 애증의 1층 1열에서 30도 시야각의 시야 범위는 10미터입니다. 그래도 무대 절반은 눈에 제대로 들어오는 것이죠.

좌석의 위치에 따라 다소 차이는 있겠지만 오페라극장의 경우 어디에 앉아도 무용수 한 명 내지는 두 명 범위를 '자세히' 볼 수 있고, 무대의 절반 이상은 '제대로' 볼 수 있다는 것을 감안해 자리를 선택하면 됩니다. 하지만 이렇게 계산해본 시야 범위는 우리의 체감보다는 훨씬 좁아 보입니다. 실제로는 우리가 훨씬 더 넓게 보는 것처럼 느끼니까요. 여기에는 우리가 고려하지 않은 요소가 하나 더 있기 때문입니다.

우리는 눈동자를 굉장히 빠른 속도로 움직이며 시각 정보를 수집합니다. 좁은 시야각을 보완하기 위해서 보통 1초에 세 번 정도 시야를 옮기면서 정보를 받아들입니다. 시선을 일단 한번 움직이고 나서는 잠시 멈춰서 위치를 고정하고 초점을 맞추는 타이밍도 있습니다. 움직이고 멈추고 움직이고 멈추기를 반복하면서 주위를 계속 스캔하며 시야 범위를 넓혀갑니다. 뇌도 눈동자가 움직이는 동안에 들어오는 시각 정보를 적절히 무시해서 어지럽지 않도록 도와주며 부드럽고 안정적인 시각 정보를 조합해냅니다.

수직 방향의 시야각은 수평 방향의 시야각과는 차이가 납니다. 1980년대에 일본에서 아날로그 HDTV를 개발하기 위해 시야각에 관한 사전 연구를 진행했었는데, 그 연구 결과에 따라 TV의 종횡비를 정했습니다. 그렇게 정한 TV의 종횡비는 아직도 널리 쓰이고 있습니다. 적당한 거리에서 TV를 봤을 때 시야를 가득 채우면서도 못 보고 지나치는 부분이 없도록 설계한 종횡비는 16:9입니다. 요즘 나오는 TV나 컴퓨터 모니터의 종횡비, 심지어는 스마트폰의 화면 종횡비도 이 비율을 그대로 따르고 있습니다. 따라서 상하 시야각은 좌우 시야각의 56퍼센트 정도 된다고 생각하면 맞습니다. 가령 1층 1열 좌석에서 볼 때 가장 잘 보이는 5도 시야각의 시야 범위가 1.7미터 정도 된다고 했으니 세로 방향으로는 약 1미터 정도 됩니다. 세로 방향의 시야 범위는 가로 방향의 시야 범위보다 다소 좁아서, 한번에 무용수의 상체 또는 하체만 볼 수 있는 정도입니다. 물론 30도 시야각의 상하 방향의 시야 범위는 6미터 가까이 되고, 또 눈동자를 옮겨가며 정보를 획득하는 비법을 쓰므로 무용수 전체를 보는 느낌은 충분히 가질 수 있습니다. 그래서 1층 1열에 앉아도 공연이 진행됨에 따라 주변 상황에 적응하면 공연의 흐름을 따라 감상하는 데 아무 문제없는 것이죠.

시선을 어디로 옮길 것인가를 결정할 때는 다른 감각의 도움도 받습니다. 청각의 도움을 받아 소리가 나는 곳으로 시선을 돌리기도 하고, 부드러운 감촉을 느끼면 그 감각을 증폭시키기 위해 눈을 감기도 하죠. 공연을 볼 때처럼 필요한 정보가 많을 때는 매우 적극적으로 시각 이외의 감각 정보를 받아들이기도 합니다. 무용수의 입장에서 생각하면 춤출 때 시각 정보는 큰 도움이 되지 않는 경우도 있습니다. 고유 수용성 감각이라고 하는 제6의 감각에 많이 의존하고 시각 정보는 오히려 제한하는 경우도 있습니다. 특히 발레의 경우 시선 방향이 몸의 이동 방향과 직각이 될 때가 많습니다. 앞을 보면서 옆으로 이동하는 식이죠. 또 턴을 할 때 스폿팅을 하는 것도 시각 정보를 줄이기 위함입니다. 한 곳을 응시하다가 재빨리 시선을 옮겨 다시 그곳을 응시하면서 움직임이 많은 시각 정보를 줄이고 뇌로 보내지 않죠. 그러면 뇌가 스폿팅 사이의 시각 정보를 들여다보지 않고 무시하므로 무용수는 정지 영상만을 인지할 수 있습니다. 가끔 무용수의 이마에 카메라를 설치해 무용수의 시선을 촬영하기도 하는데, 아마 그 영상을 몇 배 흐릿하게 해야 실제 무용수가 인식하는 시각 정보가 될지도 모를 일입니다.

여담이지만, 이렇게 일정 시간 동안 시선을 고정하는 것을 '콰이어트 아이(quiet eye)'라고도 합니다. 골프, 농구, 테니스 등 주로 구기 종목에서 뛰어난 선수들이 보여주는 특성입니다. 뛰어난 선수들은 한동안 특정 부분에 시야를 고정하는 특성을 보여줍니다. 농구에서 슛을 던지기 전에 골대를 응시한다거나, 골프 퍼팅을 마치고 나서도 원래 공이 놓여 있던 위치를 응시하는 것 등이 바로 콰이어트 아이의 대표적인 예입니다. 뛰어난 외과 의사들도 봉합이나 절개를 할 때 이러한 특성을 보인다고 알려져 있습니다. 발레 무용수들이 턴을 할 때 스폿팅을 하는 것도 이런 '콰이어트 아이' 특성으로 해석할 수 있습니다.

몸이 무척 피곤할 때에는 눈을 감고 있는 것만으로도 큰 도움이 됩니다. 알려진 대로 시각은 청각이나 타 감각에 비해 에너지를 많이 소비하는 감각이기 때문입니다. 눈을 통해 들어온 시각 정보는 뇌에서 인지할 수 있는 정보로 바뀌는 과정에서 많은 계산이 이뤄집니다. 이때 뇌에서 소비되는 에너지가 엄청나다고 합니다.

또 인간이 진화함에 따라 시력은 적응을 통해 기능적으로 발달돼왔습니다. 시야각이 좁다고 느껴지면 여러 가지 정보 처리 방법을 써서 시야각을 넓히고, 해상도가 부족하다 싶으면 또 다른 정보 처리 방법을 써서 해상도를 높힙니다. 그러면서 향상된 기능을 가진 눈과 뇌는 새로운 환경에 적응합니다. 제가 처음 디지털 카메라를 샀던 1990년대 중반에는 최고급 디지털 카메라라고 해도 화소수가 50만 화소 수준이었습니다. 이후 200만 화소가 나왔을 때는 이보다 높은 해상도는 눈으로 구분할 수 없을테니 필요없다고 광고하기도 했습니다. 하지만 지금은 1000만 화소가 넘는 카메라가 스마트폰에 장착되고 해상도를 높이는 기술은 나날이 발전하고 있습니다. 게다가 200만 화소의 사진을 지금 다시 보면 투박하게 느끼기도 하니 사람의 눈과 뇌는 끊임없이 환경에 적응하며 발전하고 있는지도 모르겠습니다.

여기서 계산해본 시야 범위는 재미로, 또 자신의 취향에 따른 좌석을 선택하는 참고 자료 정도로만 생각하면 좋겠습니다. 관객들은 어느 좌석에 앉아서든 무대에서 일어나는 모든 일을 놓치지 않고 봅니다. 관객이 못 볼 것이라고 생각하면서 만들어내는 군무 무용수들의 작은 움직임마저 관객들에게는 크게 보인다는 사실이 무대를 만들어내는 모든 무용수들에게 큰 응원이 되기를 바랍니다.

발레의 뿌리를 찾아서

지구에서 발레를 하는 동물은 인간뿐입니다. 인류가 진화해온 과정을 살펴보면 발레를 위해 필요한 것들을 하나하나 차곡차곡 준비해왔다는 것을 알 수 있습니다. 진화론의 아버지 찰스 다윈은 인류의 대표적인 특징으로 두뇌가 클 것, 치아가 작을 것, 두 발로 서서 걸을 것, 도구를 사용할 것 이렇게 네 가지를 꼽았습니다. 인류가 맥락 없이 네 가지 특징을 각각 독립적으로 획득한 것은 아닙니다. 형질을 획득한 순서도 있고 재미있는 상관관계도 있습니다.

두뇌가 커지기 위해서는 고기를 먹어야 했습니다. 고기를 먹기 위해서는 두 손과 도구를 쓸 수 있어야 했고요. 두 손을 쓰기 위해서 두 손을 보행으로부터 해방시켜야 했습니다. 결국 가장 먼저 두 발로 일어나 걸어야 했죠. 또 크고 날카로운 송곳니는 음식과 암컷을 놓고 경쟁하는 상황에서 필요합니다. 서로 위협해야 하고 불가피한 상황에서는 싸우기도 해야 했으니까요. 따라서 치아가 작아졌다는 것은 서로 협력하고 사이좋게 지내게 됐다는 것을 의미합니다.

굉장히 긴 시간에 걸쳐 진화가 이뤄졌기에 인류가 출현한 시점을 정확하게 특정할 수 없습니다. 학자들은 인류의 특징 중 일부만 가진 생명체가 수십만 년에 걸쳐서 출현과 소멸을 반복하다가 현생 인류가 나타나 다수의 위치를 차지했다고 추측하고 있습니다. 현생 인류를 일컫는 호모 사피엔스는 '지적인 인간'을 의미합니다. 당연히 인류의 특징인 큰 두뇌를 가졌습니다. 하지만 화석 연구 결과에 따르면 인류의 조상은 큰 두뇌를 얻기 전에 먼저 두 발로 걷게 됐고 그 결과 큰 두뇌를 가질 수 있었다고 합니다. 두 발로 걷는 머리 작은 인류의 조상이 먼저 출현한 것이죠. 네 발로 걸으면서 두뇌가 큰 인류의 조상은 없었다고 보여집니다.

유전 과학 분야에서는 인간과 침팬지의 유전자를 분석한 연구를 통해 인류와 침팬지의 계통 분리가 500만 년 전에 완성됐다는 사실을 밝혀냈습니다. 화석으로 발견된 가장 오래된 인류는 350만 년 전에 살았던 오스트랄로피테쿠스 아파렌시스입니다. 이 화석 덕분에 인류가 큰 두뇌를 갖기 전에 먼저 두 발로 걷게 됐다는 것을 알게 됐습니다. 오스트랄로피테쿠스 아파렌시스는 침팬지와 비슷한 두뇌 크기에 치아는 컸고 도구는 사용하지 않았던 것으로 보입니다. 오스트랄로피테쿠스 아파렌시스는 찰스 다윈이 규정한 인류의 네 가지 특징 중 두 발로 걸었다는 점만 가졌습니다. 인류보다는 침팬지에 가까운 생명체였다고 할 수 있죠. 하지만 인류가 가장 먼저 획득한 인류로서의 특징이 직립 보행임을 보여주는 의미 있는 인류의 조상입니다. 이 화석이 발견된 이후 화석 연구자들은 더 오래전에 직립 보행을 했던 흔적이 있는 인류의 조상을 찾아 나섰고 400만 년 전에 살았던 것으로 추정되는 오스트랄로피테쿠스 아나멘시스의 화석을 찾아냈습니다. 이로써 머리가 작고 두 발로 걸었던 초기 인류의 모습을 다시금 확인할 수 있었습니다. 머리가 작고 두 발로 걷는다니 이 얼마나 발레에 적합한 체형입니까. 조금 과장해 말하자면 인류의 초기 진화는 발레에 적합한 체형 형질부터 획득하는 방향으로 시작됐던 것이죠. 아직 없애지 못한 커다란 송곳니는 발레에 어울리지 않았겠지만요.

그런데 직립 보행의 흔적이 있으면서 700만 년 전에 살았던 것으로 보이는 생명체의 화석이 비교적 최근에 발견돼 인류의 조상인지 여부가 관심을 모았습니다. 앞서 소개한 유인원과 인류의 계통 분리가 이뤄진 시기가 500만 년 전이라는 유전자 분석 결과가 사실이라면, 700만 년 전에 직립 보행을 했던 생명체는 침팬지와 인류의 공통 조상이었을지 모릅니다. 이후 440만 년 전에 살았다고 유추하는 아르디피테쿠스 라미두스의 화석이 발견됐습니다. 아르디피테쿠스 라미두스의 엄지발가락이 앞을 향하지 않고 엄지손가락처럼 옆으로 벌어져 있는 모습으로 봐서 두 발로 걷기도 하면서 네 발로 나무를 타기도 했던 것 같습니다. 즉 인류는 700만 년 전부터 400만 년 전까지 300만 년에 걸쳐 두 발로 걷기 위해 수없이 많은 시도를 했다고 추측됩니다. 300만 년의 노력 끝에 두 발로 걷는 인류의 조상, 오스트랄로피테쿠스 아파렌시스가 출현하게 됐고, 이후 300만 년 뒤

현생 인류인 우리가 발레를 하게 된 것이죠. 발레가 15세기, 즉 600년 전에 시작됐다는 것을 감안하면 두 발로 걷기 시작해서 299만 9400년 뒤 발레를 했다고 해야겠지만 300만 년 앞에서 600년을 세는 것은 쿨하지 않죠.

인류가 제아무리 두 발로 걷게 됐다고 해도 뛰어난 두뇌가 없었다면 순서를 못 외울 것이어서 발레 출현 시기는 수백만 년 더 늦춰졌을 것입니다. 침팬지의 두뇌 용량이 450밀리리터 정도이고, 인류의 두뇌 용량이 1300밀리리터 정도이니 침팬지에서 인류로 진화하는 동안 두뇌의 용량은 세 배 증가한 것입니다. 인류가 두 발로 걷기 시작한 것은 330만 년 전이고 도구를 처음 사용한 시기는 250만 년 전으로 추측됩니다. 두뇌가 커지면서 도구를 사용했을 테니 인류가 두 발로 걷기 시작한 뒤부터 두뇌가 발달하기 시작했다고 볼 수 있죠.

두 발로 걷는 행위는 신체에 독특한 흔적을 남기기도 했습니다. 우선 체중이 두 다리에 집중되므로 체중을 받는 엉덩 관절과 무릎 관절이 커집니다. 반면 무게를 받지 않게 된 어깨 관절은 네 다리로 걷는 동물에 비해 특별히 커 보이지 않습니다. 또 무릎 관절의 모양은 무게를 안정적으로 받치기 위해 평평해지는 반면, 엉덩 관절은 움푹 파인 모양으로 변해서 허벅지뼈가 엉덩 관절에서 빠지지 않게 됐습니다. 어깨 관절은 진화로 인한 변화가 적어서 아직도 인류의 어깨는 종종 빠지는 사고를 겪습니다.

또 두 발로 걷기 위해서는 한 발로 중심을 잡을 수 있어야 합니다. 걷기 위해서는 한 발씩 디디면서 중심을 번갈아 옮겨야 하기 때문입니다. 따라서 허벅지와 엉덩이는 다리를 앞뒤로 움직이는 것보다 옆으로 비틀거리는 상체를 안정적으로 잡아주는 기능에 더욱 집중하게 됐습니다. 또 균형을 다른 발로 옮기기 직전까지 엄지발가락이 무게를 지탱하게 되므로 엄지발가락은 크고 튼튼해졌으며 엄지발가락의 방향도 몸의 앞쪽을 향하게 됐습니다. 네 발로 걷거나 나무를 타는 침팬지의 경우 엄지발가락이 사람의 손가락처럼 옆을 향하고 있습니다.

두 발로 걷게 되면 대부분의 체중이 허리와 골반과 무릎으로 쏠립니다. 그래서 허리는 무게를 받치기 위해 S자로 휘고 골반은 아치 구조로 진화해 무게를 받칠 수 있도록 발달했습니다. 무릎 통증도 흔해졌습니다. 또 네 발로 걸으면 대부분의 신체 부위가 심장보다 아래쪽에 위치하게 돼 심장이 온몸으로 피를 흘려보낼 때 중력의 도움을 받습니다. 하지만 두 발로 걸으면 심장이 신체의 중심부에 위치하게 돼 상체로 피를 보내려면 중력을 이겨내야 하므로 더 많은 일을 해야 합니다. 특히 두뇌를 포함한 상체로 보내야 할 피의 양이 어마어마해집니다. 또 뒤뚱거리지 않고 에너지를 아끼며 걷기 위해 좁은 골반이 필요했지만, 골반이 좁아지는 바람에 산도가 좁아져서 출산의 고통은 더 커졌습니다.

한편 두 발로 걷게 되면서 발레를 하는 데는 이점이 생겼습니다. 손과 상체가 걷는 행위로부터 해방돼 뽀르 드 브라를 맘껏 할 수 있는 몸이 됐습니다. 또 횡격막이 위를 향하게 되면서 호흡이 자유로워지고 목소리를 낼 수 있게 되면서 언어도 가지게 됐습니다. 손이 자유로워지면서 도구를 사용하게 됐고 고기를 먹을 수 있게 되자 충분한 단백질과 지방 덕분에 두뇌도 커지면서 발레 순서도 외울 수 있게 됐습니다. 하지만 중력을 이겨내야 하는 허리와 무릎과 발목의 통증은 피할 수 없게 됐죠.

초기 인류의 생존 환경은 매우 척박했을 것입니다. 집단생활을 통해 협업을 한다고 해도 노동력을 제공할 수 없는 노인들을 배척하는 것이 더 효율적이었을지도 모릅니다. 하지만 화석 연구에 따르면 노인들은 음식을 나눠 받으며 보호를 받았다는 것을 알 수 있습니다. 이때 인류의 수명은 길어야 30년 정도였으므로 노인이라고 해도 서른 살 남짓에 불과합니다. 당시의 인류는 작고 약했기 때문에 척박한 환경에 적응하기 위해선 상대적으로 오래 살아온 노인들이 가진 경험과 정보가 필요했습니다. 마침 노인들은 경험을 통해 축적된 정보를 갖고 있었고 이 정보를 활용해 인류는 어려움을 이기고 생존해왔습니다.

인류의 생존 과정을 보면 발레와 닮은 면모가 있어 보입니다. 발레 선생님들은 더 이상 무대에 설 수 없는 지긋한 나이입니다. 하지만 외국에서는 할아버지, 할머니 선생님들도 여전히 현역에서 선생님으로 활동합니다. 선생님들의 나이가 지긋할수록 축적된 경험과 정보의 양은 늘어날 겁니다. 무용수의 수명을 20년으로 잡으면 한 세대(generation) 위 선생님에게 배우면 20년의 경험을 물려받게 되고, 두 세대 위 선생님에게 배우면 40년의 경험을 물려받게 됩니다.

불과 30~40년 전만 하더라도 평균 수명은 60세 남짓이었습니다. 이제는 평균 수명 80~90세를 기대하게 됐습니다. 몇 년 전 한 신문 칼럼에서 80세 생일상을 받은 어느 분의 경험담을 본 적이 있습니다. 그는 55세에 은퇴하고서 이제 곧 죽을 날만 남았다는 생각에 빠져 살았다고 했습니다. 여생을 정리하느라 새로운 시도는 꿈도 못 꿨다면서요. 그런데 얼마 전 80세 생일상을 받으면서 후회를 했다고 하더군요. 여명을 잘못 계산하는 바람에 몇 개의 외국어를 공부하거나, 새로운 전공으로 대학 공부를 하거나, 세계 일주를 할 수도 있었을 20년이라는 시간을 허투루 보냈기 때문이죠. 하지만 이제는 정말 여명이 얼마 남지 않았기 때문에 아무것도 시작할 수 없다는 슬픈 이야기였습니다.

인간에게는 절대 수명이라는 것이 있습니다. 보통 환경적 위협이나 질병 등으로 그 절대 수명을 채우지 못하고 죽는다고 합니다. 인간이 절대 수명을 채우고 죽을 수 있도록 의학이 도와주고 있지만 아무리 의학이 발전한다고 해도 절대 수명 자체를 늘려줄 방법은 없습니다. 문명이 발달한다고 해도 마찬가지였습니다. 다만 인류의 역사는 인간이 절대 수명을 가능한 한 채우며 살아갈 수 있도록 끊임없이 발전해왔습니다.

인류의 진화 역사 속에서 '할머니'가 등장하기 시작한 역사는 그리 길지 않습니다. 대략 200만 년 전으로 보고 있습니다. 나이가 들어 출산을 하지 못하고 노동력을 제공하지 못해도 손주를 돌볼 만큼의 체력이 있고 식물 채집처럼 육체적 부담이 덜한 경제 활동 정도가 가능한 할머니들이 등장한 것이죠. 할머니라고 해도 30~40세 정도의 청년이었을 것입니다. 전체 인구에서 노인들의 비중이 급격하게 늘어나기 시작한 시기는 현생 인류인 호모 사피엔스가 등장한 20만 년 전 이후입니다. 할머니로 대표되는 노인이 등장하기 시작해 전체 인구의 3분의 2 이상을 차지하기까지 대략 180만 년이 걸렸습니다. 노인의 인구가 급격

하게 증가한 20만 년 전의 후기 구석기 시대는 예술과 문화가 꽃
피는 시기이기도 했습니다. 노인의 비중이 늘어나는 시기와 예
술과 문화가 피어나기 시작한 시기가 절묘하게 일치합니다.

　　노인들이 많아지기 시작하면서 정보를 축적할 수 있는 기간
이 획기적으로 늘어났습니다. 이전까지는 두 세대 정도의 정보
만 공유할 수 있었지만 노인들이 많아지면서 세 세대 정도의 정
보를 공유할 수 있게 됐습니다. 할머니들 덕분에 대량의 정보가
축적돼 예술과 문화를 꽃피우게 됐고, 멋진 춤을 추게 되고, 노
래하면서 음악을 즐기게 됐고, 동굴에 그림도 남길 수 있게 된
것이죠. 시간이 흘러 그런 문화 활동들이 하나로 합쳐져 발레를
탄생시켰다고 볼 수 있겠죠.

　　인류의 수명이 비약적으로 늘어나고 노인 인구의 비중이 계
속 늘어나도 변하지 않는 사실이 있습니다. 여전히 함께 살아가
는 세대는 세 세대에 불과하다는 점입니다. 인류의 수명이 늘어

나면 증조부모도 뵐 수 있어야 하는데 여전히 우리는 대부분 할머니와 할아버지만 뵐 수 있습니다. 오래 살 수 있게 된 것처럼 보이지만 사실은 느리게 살면서 시간의 여유를 누리게 된 것입니다.

두 발로 걷기 시작하면서 상체와 두 손이 자유로워진 몸을 갖게 되고 두뇌가 더 커졌을 뿐만 아니라 자유로워진 두 손과 횡격막을 쓰는 연습을 하면서 우리는 수백만 년 동안 발레를 하기 위해 준비해왔습니다. 그 사이 사람의 수명도 늘어났고 노인의 등장으로 정보를 축적해 후손에게 전달할 수 있게 됐습니다. 또 노인이 많아지면서 예술을 향유할 여유 시간까지 얻게 됐고 드디어 발레라는 새로운 춤을 만들어낼 수 있었습니다. 뺄리에를 하면서 거울에 비친 내 모습 저 너머로 우리 모습을 흐뭇하게 바라보고 있는 오스트랄로피테쿠스 아파렌시스 할머니의 모습이 보인다면 반가운 인사를 건네보세요. 무릎 뒤가 싹 펴진 그 할머니도 우리처럼 뺄리에를 하고 있을 겁니다.

14. 고유 수용성 감각
나는 누구 여긴 어디

촉각, 시각, 청각, 미각, 후각은 사람이 가지고 있는 다섯 감각입니다. 감각에 관여하는 우리 몸속 세포 중에는 공기 중의 냄새를 감지하는 세포가 있는가 하면 빛을 전기 신호로 바꿔 뇌로 보내주는 세포도 있습니다. 주로 피부를 통해 감지하는 촉각은 통증, 압박, 차가움, 뜨거움 등 다양한 종류의 자극을 받아들이는 감각 세포를 활용합니다. 이 다섯 감각에 더해 고유 수용성 감각을 제6의 감각으로 인정하고 있습니다.

사람은 어두운 곳에서, 또는 눈을 감은 채로 자신의 코를 단번에 찾아 손으로 만질 수 있습니다. 자신의 코를 잡느라 얼굴을 더듬더듬 헤매는 사람은 없죠. 과연 내 손은 코를 어떻게 찾았을까요? 눈을 감았으니 시각 정보는 없습니다. 손으로 피부를 쓸어 올려 찾은 것도 아니니 촉각을 사용한 것도 아닙니다. 맛을 본 것도, 소리를 따라간 것도, 냄새를 맡은 것도 아닙니다. 사람의 다섯 감각으로는 설명할 수 없는 동작입니다.

무대 위 무용수를 보면 더욱 놀랍습니다. 무용수의 시선은 이동 방향과 다른 방향을 보고 있는 경우가 많습니다. 움직이는 방향을 보지 않고 무용수가 멋지게 무대를 누비는 모습은 앞을 보고 걸으라는 부모의 지적을 무색하게 만듭니다. 무용수처럼 앞을 보지 않아도 넘어지지 않는 방법이 있다는 걸 안다고 반항하는 아이를 보며 한순간 부모도 머쓱하지만 이내 수긍할 겁니다. 그래서 가정 교육 목적으로 〈호두까기인형〉을 제외한 발레 공연장에 어린 아이들의 입장을 제한하는지도 모르겠습니다. 턴을 할 때 스폿팅 하면서 눈으로 들어오는 시각 정보를 일부러 줄이는 모습을 봐도 무용수는 시각 정보를 제한적으로 받아들이는 것 같습니다. 만약 무대 위에서 춤을 추면서 모든 것을 또렷하게 본다면 뇌가 시각 정보를 처리하느라 에너지를 많이 소비해서 더 피곤해질지 모릅니다. 대신 무용수들은 고유 수용성 감각에 의존합니다.

무용수가 춤을 출 때 많이 쓰는 감각이 바로 제6의 감각이라고 하는 고유 수용성 감각입니다. 온몸에 분포한 근육이나 관절 속에 있는 특수한 형태의 감각 세포를 통해 몸의 상태를 감지하고 반사적으로 자세를 교정하거나 움직이도록 지시하는 감각이죠. 이 모든 과정이 무의식적으로 일어나므로 그 과정을 단계별로 인지하기란 쉽지 않습니다. 이러한 고유 수용성 감각은 반복 훈련에 의해 발달시킬 수 있고, 숙달될수록 움직임이 빠르고 깔끔해집니다.

고유 수용성 감각을 몸소 체험해봅시다. 보수(BOSU)를 뒤집어놓고 그 위에 두 발로 올라섭니다. 보수의 중앙부에 두 발을

나란히 붙이고 섭니다. 보수에 올라가자마자 바로 두 발을 나란히 딱 붙이고 서는 일은 매우 힘듭니다. 일단 두 발을 벌려서 보수 양쪽 끝을 밟고 올라탄 다음, 발 사이 간격을 서서히 좁혀가면서 두 발을 나란히 붙입니다. 두 발을 붙이고 나면 균형이 흔들리게 되고, 흔들리는 균형을 잡기 위해 몸은 사정없이 떨립니다. 무전원 수동형 파워플레이트라고 불러도 될 정도로요. 자신이 생각하고 판단할 틈도 없이 몸은 저절로 막 떨리기 시작합니다. 몸이 기울어지면 근육과 관절에 있는 감각 세포들이 이상 신호를 뇌로 보내고 뇌는 근육과 관절에 곧바로 불균형을 해소하기 위한 움직임을 명령합니다. 하지만 그 사이에 몸의 균형이 바뀌었기 때문에 뇌의 명령을 받아 움직임을 보정해도 이미 몸은 다른 불균형 상태로 접어든 이후일 뿐입니다. 불균형을 보정하기 위한 감각과 보정 과정이 빠르게 일어나고 있지만 항상 반 박자 늦은 대응으로 몸이 계속 떨리는 것입니다.

운동 경험이 많거나 평소 훈련을 통해 고유 수용성 감각을 발달시켜온 사람은 이내 균형을 잡고 평온한 상태로 들어갑니다. 반면 훈련받지 않은 사람은 평온한 상태로 들어가는 데 꽤나 많은 시간이 걸립니다. 코어 근육을 잘 쓸수록, 발바닥 근육을 잘 쓸수록 뒤집힌 보수 위에서 균형 잡는 과제를 잘 수행하는 경향이 있습니다. 발레를 배운 사람들에게 절대적으로 유리한 과제죠.

고유 수용성 감각은 감각 수용기라고 불리는 감각 세포에 의해 수집된 정보를 뇌에서 처리하는 과정으로 발현됩니다. 감각 수용기는 피부 아래 근육이나 건, 관절에 위치합니다. 루피니 소체는 피부가 늘어나는 것을 감지하고, 마이스너 소체는 쓰다듬기, 느린 진동, 피부로 느껴지는 질감의 변화를 감지합니다. 파치니 소체는 강한 압력과 빠른 진동을 감지하며 마이스너 소체와 서로 보완 관계에 있습니다. 메르켈 원반은 지속되는 압력과 질감을 감지합니다. 이런 감각 수용기들은 피부보다 깊은 곳의 감각을 감지하기 때문에 심부 감각이라고 부르고 피부에서 감지하는 촉각과 구별됩니다.

발레처럼 빠르고 정확한 동작을 해야 할 때는 고유 수용성 감각뿐만 아니라 모든 감각을 총동원해 반사적으로 몸을 움직입니다. 생각하고 판단하면 이미 늦기 때문에 모든 움직임은 습관적으로 또는 반사적으로 이루어집니다. 모든 감각을 총동원한다고 해도 사람이 뇌에서 정보를 처리하는 속도에는 한계가 있어서 감각 정보를 선별해 받아들이게 됩니다. 효율적으로 정보를 처리하기 위해 움직임에 꼭 필요한 정보들만 우선적으로 처리하는 것이죠. 무대 위 냄새나 온도도 도움이 되고, 빠르게 움직이는 동안 시야에 들어오는 희미한 윤곽의 다리나 팔의 위치도 도움이 됩니다.

고유 수용성 감각을 통해 움직임은 뇌뿐만 아니라 근육에도 저장됩니다. 감각을 느끼는 일은 이전 경험의 영향을 받고요. 감각 세포를 통해 자극이 들어오면 우리 몸에서는 이전의 경험을 찾아 신속하게 불러내 이제 막 들어온 감각 자극의 정보와 함께 처리합니다. 이때 경험에 대한 기억이 강할수록 뇌를 활용하는 빈도는 줄어듭니다. 이를 습관이라고도 합니다. 무용수들은 공연을 할 때 느낌으로 춤을 추는 것이지 생각으로 춤을 추지 않습니다. 머릿속으로 생각해 판단하면서 춤을 추면 이미 늦습니다. 따라서 공연 전에 춤의 느낌을 찾아놓는 것이 중요합니다. 이때 내 몸이 어디에 있는지 느끼게 해주는 고유 수용성 감각과 반복된 연습으로 각인된 경험이 필요합니다. 감각과 경험이 통합돼 턴을 언제 멈춰야 할지 알려주고, 파트너가 다치지 않도록 적절한 시점에 내 팔다리를 거두도록 해주죠. 또 자극이 감각기를 통해 들어오면서 과거의 경험을 불러내면 감각 신호와 합쳐져서 움직임을 만듭니다. 자전거 타는 방법을 한번 배우고 나면 잊지 않는 것도 같은 원리입니다.

고유 수용성 감각은 몸의 확장에도 관여합니다. 좁은 공간에 주차할 때 자동차를 확장된 내 몸으로 인식하기 때문에 차가 제자리에 들어가는지 느낄 수 있습니다. 마찬가지로 포크레인이나 불도저 같은 중장비를 내 몸으로 인식하기 때문에 능숙하게 운전할 수 있는 것이죠. 춤을 추면서 부채나 막대 같은 소품을 쓸 때 곧바로 균형을 잡을 수 있는 이유도 내가 손으로 잡고 있는 소도구를 확장된 내 몸의 가지로 인식하기 때문입니다. 옷과 신발도 마찬가지입니다. 고유 수용성 감각은 내가 사용하는 도구마저도 확장된 내 몸으로 여기고 그 위치를 인식하게 해줍니다.

고유 수용성 감각이 몸의 확장에 관여한다는 단서가 바로 '유령 감각'입니다. 사고 등으로 인해 팔다리를 절단하거나 시력이나 청력을 잃었을 때, 실제로는 신체에서 없어진 부위로부터 전해지는 감각을 말합니다. 팔을 잘라낸 후에도 잘라낸 팔이 가렵거나 아프게 느껴지기도 하고, 심지어 움직임을 감지하기도 합니다. 몸의 일부가 소실된 이후에도 뇌는 소실된 부위에 대한 내적 이미지와 감각을 만들어서 소실된 몸의 일부가 계속 존재하는 듯이 작동시키려 합니다. 이러한 유령 감각은 의수나 의족을 발전시켜 인공 팔이나 인공 다리를 만들어내는 데 활용되기도 합니다. 뇌가 만들어낸 유령 감각의 한쪽 끝을 인공 팔과 인공 손에 연결해주면 인공 팔과 인공 손으로 연필을 잡았을 때 내가 연필을 잡았다는 것을 느낄 수 있습니다.

고유 수용성 감각 덕분에 직접 접촉하지 않아도 무언가가 내게 접근하는 것을 느끼는 경우도 있습니다. 비행기가 땅 위를 저공비행 하듯 손바닥으로 내 팔이나 다리의 피부에 닿지 않게 조심스럽게 훑어도 간헐적으로 찌릿한 감각을 느낄 수 있습니다. 그러다가 실수로 손이 피부에 살짝 닿으면 그 감각은 몇 배로 증폭되기도 합니다. 같은 원리로 다른 사람이 내게 접근하는 것을 실제로 접촉하기 전에 감지하는 경우가 있습니다. 고유 수용성 감각의 감각수용기 중 파치니 소체는 수 센티미터 떨어진 곳의 진동을 감지할 수 있다고 알려져 있습니다. 접촉하지 않아도 인체에 접근하는 물체를 감지할 수 있죠. 이와 비슷하게 고유 수용성 감각은 직접적인 접촉 없이 확장되기도 합니다. 빠 드 두에서 파트너와 잠시 떨어져 춤을 출 때 호흡을 맞출 수 있는 것도 바로 고유 수용성 감각의 비접촉 확장력 덕분입니다. 서로의 파트너조차 확장된 나의 신체 일부로 인식하는 것이죠.

금속끼리 접촉하지 않고도 전기를 통과시키는 비접촉 스위치는 일상생활에서 익숙하게 볼 수 있습니다. 굳이 누르지 않고 손가락만 닿아도 스위치가 켜지는 엘리베이터 버튼이 대표적입니다. 스위치를 기계적으로 누를 때 서로 떨어져 있던 금속이 접촉하면서 전기가 통하는 것이 일반적이지만 비접촉식 엘리베이터 버튼은 손으로 살짝 터치만 해도 전기를 흐르게 할 수 있습니다. 금속끼리 접촉하는 것이 아니어서 마모되는 일도 없고 금속 특유의 껄끄러운 촉감을 전달하지 않아 사용감도 더 쾌적하고 스위치가 열화되지 않으니 수명도 깁니다. 컴퓨터 키보드 중 정전 용량 방식으로 만들어진 스위치, 스마트폰의 터치스크린 등은 실제 금속의 접촉 없이 전기를 흐르게하는 대표적인 예입니다. 파치니 소체처럼 말이죠.

고유 수용성 감각을 활용하면 내 주변 환경과 연결된 느낌을 얻을 수 있습니다. 이렇게 세상과 연결된 느낌이 세상 속에서 내 위치를 파악하게 해줍니다. 내 팔이 지금 어디에 있는지 알 수 있는 것은 내 팔 주변을 느끼고 있다는 뜻입니다. 발레 스튜디오에서 밟고 서 있던 플로어를 나의 발바닥이 확장된 것으로 느꼈을지 모릅니다. 게다가 감각은 많은 경우 감정을 불러냅니다. 피곤한 하루를 보낸 날, 집에 들어오자마자 부드러운 잠옷으로 갈아입으면 피로에 지친 감정을 달래는 데 큰 도움이 되는 것처럼요. 그러다가 발레 타이츠를 신으면 없던 힘도 솟아나곤 합니다.

15. 고유 수용성 감각

움직임과 감정을
이어주는 다리

감각은 육체를 기계적으로 운용하는 데 쓰일 뿐만 아니라 감정을 전달하는 강력한 도구이기도 합니다. 감각 수용기는 외부 자극을 전기 신호로 바꿔 뇌로 보냅니다. 이 신호는 움직임을 담당하는 뇌의 영역뿐만 아니라 감정을 담당하는 영역으로도 전달됩니다. 미운 마음으로 꼬집는 것과 좋아하는 마음으로 포용하는 것을 구별할 수 있는 것은 감각이 감정도 함께 전한다는 사실을 간접적으로 보여줍니다. 촉각뿐만 아니라 모든 감각에 감정을 실을 수 있습니다. 냄새도 감정을 전달하는 강력한 감각 중하나이고요. 특히 후각을 담당하는 뇌 영역은 감정을 느끼는 뇌영역과 직접 연결돼 있습니다. 그래서 후각은 다른 감각보다 더 감정적입니다.

소리를 들을 수 없었던 헬렌 켈러는 피아노 위에 손을 얹고 진동을 느끼면서 음악을 감상했다고 합니다. 사실 소리도 귀가 감지하는 공기의 진동이므로 손으로 악기의 진동을 느끼는 음악 감상법도 일리가 있습니다. 실제로 손으로 20헤르츠에서 1000헤르츠 사이의 진동을 감지할 수 있다고 하니 저음만큼은 귀로 듣는 것보다 더 잘 느낄지도 모르겠습니다. 실제로 클럽의 대형 스피커 앞에서 진동을 온몸으로 느끼는 재미가 어마어마 하다고 하죠. 또 켈러는 마루판을 통해 전해지는 진동으로 무용 공연을 감상했다고 합니다. 얼굴과 손으로는 무용수들의 움직임이 만들어낸 공기의 움직임을 느꼈다고 해요. 이처럼 예술 작품을 통해 감정을 전달받을 때 주로 쓰는 감각 기관은 감상하는 사람의 환경과 형편에 따라 다를 수 있습니다. 때에 따라서는 복수의 감각 기관을 한꺼번에 쓰기도 합니다.

시각, 청각, 후각, 촉각, 미각의 오감뿐만 아니라 고유 수용성 감각에도 감정을 전달하는 기능이 있습니다. 고유 수용성 감각

은 오감을 통해 다른 사람에게 전달될 수 있고, 이때 감정도 함께 전달됩니다. 켈러와 무용가 마사 그레이엄은 종종 만나 교류를 했습니다. 앞을 볼 수 없는 켈러가 그레이엄에게 도약이 무엇이냐고 물었다고 합니다. 그러자 그레이엄은 켈러로 하여금 제자 머스 커닝엄의 허리를 잡을 수 있도록 이끌었습니다. 그 상태로 커닝엄은 점프했고 켈러는 그의 허리를 잡은 손으로 점프를 느낄 수 있었다고 합니다. 고유 수용성 감각으로 수행되는 대표적인 동작이 바로 점프입니다.

미술 작품의 감상에도 고유 수용성 감각을 쓰는 경우가 있습니다. 대부분의 미술 작품은 눈을 통해 감상을 합니다. 그런데 잭슨 폴록의 작품은 작가가 작업하는 과정까지도 감상할 수 있는 것으로 유명합니다. 폴록은 캔버스를 바닥에 펼쳐놓고 캔버스 주위를 춤을 추듯 움직이며 물감을 뿌려 작품을 그려냈습니다. 캔버스에 흩뿌려진 물감은 곧 그의 움직임에 대한 기록이고, 감상하는 사람은 그 그림을 보고 작가의 움직임을 상상하거나 체험하게 됩니다. 작가는 시각을 통해 고유 수용성 감각을 전달하고, 그렇게 전달된 고유 수용성 감각이 감상하는 사람의 감정을 자극하는 작품의 형태입니다.

폴록의 추상화뿐만 아니라, 실제 인체를 구체적으로 묘사하는 조각 작품도 고유 수용성 감각을 전달합니다. 로댕의 〈생각하는 사람〉은 고유 수용성 감각의 결정체입니다. 자세, 표정, 근육의 모양, 손가락, 발가락 모두 생각에 몰두한 느낌을 전달하는 도구가 됩니다. 자세를 만들고 유지하는 것은 고유 수용성 감각의 영역이지만 사람들은 시각을 통해 이 작품을 감상합니다. 그러면 시각을 통해 고유 수용성 감각이 전달되죠. 작품을 보면서 나도 모르게 몸 이곳저곳에 힘이 들어갈 때가 있습니다. 이를 통해 〈생각하는 사람〉의 느낌을 전달받게 되는 것입니다.

보스턴 교향악단의 지휘자 오자와 세이지는 '음악의 형상'을 춤으로 표현하는 일이 바로 지휘라고 했습니다. 음악의 클라이맥스에서 지휘자의 움직임에 맞춰 나도 모르게 움찔움찔했던 기억이 있지 않나요? 지휘를 통해 음악을 표현하는 지휘자의 신체적 표현이 교향악단의 단원과 관객들에게 전해지기 때문입니다. 한편 발레 공연장에 가면 교향악단의 지휘자가 무대를 향해 서고, 무대 위 무용수를 보면서 지휘를 하는 모습을 볼 수 있습니다. 연주자 시각에서 보면 지휘자는 무대 위 무용수들을 비추는 거울입니다. 지휘자라는 거울에 비친 무용수를 보면서 단원들이 연주하고 있는 셈이죠. 또 연주자들도 연습을 반복하다 보면 나중에는 근육으로만 연주하는 느낌을 받는다고 합니다. 고유 수용성 감각에 의지하는 것이죠.

무용 작품은 고유 수용성 감각을 표현하는 대표적인 예술 장르입니다. 마음이 불편하면 몸도 따라 불편해지고, 몸이 불편하면 마음도 따라 불편해지곤 합니다. 감정과 신체 장기의 해부학적 연계성이 밀접하다는 가설은 연구를 통해 사실로 증명되고 있습니다. 또 운동 감각을 능숙하게 다루는 무용수들은 연습이나 훈련을 통해 고유 수용성 감각에 민감하게 반응하는 능력을 갖추게 됩니다. 반면 평범한 사람이 갖는 운동 감각은 초보적인 단계에 머무는 경우가 많겠죠.

연습과 훈련을 통해 고유 수용성 감각을 단련하면 움직임을 통해 감정뿐만 아니라 생각도 주고받을 수 있습니다. 어떤 현대 무용단에서는 빠르게 움직이면서 공을 튕기며 분자 화학을 몸으로 표현한다고 합니다. 또 어떤 학교에서는 학생들이 서로 손을 잡고 움직이도록 함으로써 기체, 액체, 고체 상태를 직접 체험하도록 가르친다고 합니다. 움직임을 통해 생각을 주고받는 예들이죠. 오랜 연습을 거듭한 무용수들은 무대 위에서 움직임이나 대사 없이도 고정된 자세나 표정만으로 생각과 감정을 효과적으로 전달할 수 있습니다. 연주자들이 음악을 근육으로 기억하듯 무용가들은 이야기, 생각, 감정을 움직임 속에 각인시키기 때문에 특정한 동작을 하면서 격한 감정을 느끼기도 합니다.

움직임과 감정과 생각은 서로 연결돼 있고 그 중심에 고유 수용성 감각이 있습니다. 다른 사람의 고유 수용성 감각을 흉내 내면서 다른 사람의 감정과 생각을 읽어내기도 하고, 다른 사람의 움직임을 보는 것만으로도 그 사람의 고유 수용성 감각을 복사하듯 내 몸에 가져올 수도 있습니다. 무용과 팬터마임은 이런 원리를 활용하는 예술 장르입니다. 미국의 무용비평가 존 마틴(John Martin)은 무용수의 모든 몸짓은 관객의 모방 기제를 자극해 무용수를 흉내 내게 만들어서 감정을 전달하기 위한 시도라고 했습니다. 몸짓의 동기화를 이용해 무용수가 관객에게 감정을 전달한다는 의미입니다.

고유 수용성 감각은 운동할 때 균형을 잡거나 빠르게 움직이게 해줄 뿐만 아니라 예술 작품을 더 깊게 감상할 수 있도록 해줍니다. 무용을 전공한 사람들이 무용 작품을 더 깊게 감상할 수 있는 것은 훈련을 통해 고유 수용성 감각을 복사하는 능력을 더 풍부하게 발달시켰기 때문입니다. 고유 수용성 감각이 극도로 발달해 움직임을 감정이나 생각으로 바꾸는 데 더 익숙한 것이죠.

예술은 감정을 풍부하게 해주고 공감 능력을 키워 내 삶을 풍요롭게 해줄 뿐만 아니라 사회 전체를 좀 더 따뜻하게 만들어줍니다. 그 중심에 고유 수용성 감각이 있습니다. 취미발레도 이러한 고유 수용성 감각을 훈련하는 훌륭한 수단입니다. 취미발레를 배우고 나서 발레 공연을 봤을 때 더 잘 감상할 수 있는 이유는, 우리가 발레 동작을 배워서 발레에 대해 더 알게 됐기 때문이 아니라 발레를 배우는 동안 고유 수용성 감각이 발달해 무용수의 움직임을 복사하는 능력이 더 커졌기 때문일지도 모르겠습니다.

마음의 눈

에릭 프랭클린(Eric Franklin)은 심상(imagery) 훈련을 춤에 적용한 스위스 출신 움직임 전문가입니다. 한때 무용수이자 안무가였으며 지금은 경험적 해부학을 활용해 심상을 만들어 소개하는 일을 하고 있습니다. 프랭클린 메소드라는 이름의 심상 훈련 방법론은 세계 곳곳에서 많은 관심을 받고 있습니다. 무용뿐만 아니라 스포츠 분야에서도 널리 쓰이고 있고요.

몸을 움직이는 동안 우리는 팔과 다리, 관절, 중력, 결합 조직, 근육 등을 최적으로 조합해 사용하기 위해 이상적인 비율과 타이밍을 끊임없이 계산해야 합니다. 이렇게 얻은 계산 결과를 써서 실제 움직임을 만드는 동안 뇌는 신경을 통해 적절한 명령을 몸 전체에 신속하게 전달합니다. 이렇듯 이상적인 움직임은 수많은 신체 기관이 개입해 만든 결과물입니다. 생각보다 많은 신체 기관이 개입하기 때문에 각 기관을 개별적으로 훈련해 움직임을 만드는 것보다 적절한 심상을 제시해 모든 기관이 맥락에 따라 움직이도록 유도하는 것이 효율적일 수 있습니다. 플랭클린 메소드는 이런 움직임 훈련에 필요한 심상을 제안하고 소개합니다.

심상 훈련은 뇌가소성을 효과적으로 활성화한다고 알려져 있습니다. 뇌가소성은 뇌가 스스로 신경 회로를 바꿀 수 있는 능력입니다. 그동안 유년기가 지나면 더 이상 뇌의 구조를 바꿀 수 없다는 주장을 정설로 받아들이고 있었습니다. 그런데 최근에 이뤄진 실험 결과에 따르면 뇌가소성이 성년기와 노년기에 다소 감소하기는 해도 새로운 언어나 움직임을 익힐 정도는 일생 동안 유지된다고 합니다. 여러 실험을 통해 그러한 주장의 설득력 또한 인정받고 있습니다.

뇌가소성이 유지되는 동안에는 학습, 기억, 훈련을 통해 뇌구조까지 바꿔가며 새로운 언어나 움직임을 익힐 수 있습니다. 나이가 들면 새로운 언어나 움직임을 익히는 것이 불가능하다고 생각했었지만, 이제는 나이가 들어도 무엇이든 충분히 학습할 수 있는 능력이 유지된다고 믿게 된 것이죠. 성인이 돼 발레를 배워도 움직임을 구성하는 신체 각 부분을 발달시킬 수 있을 뿐만 아니라 움직임을 관장하는 뇌와 신경까지도 바꿀 수 있는 것이죠.

마음을 '뇌가 만드는 이미지'라고 생각한다면 뇌 구조가 바뀌면 마음도 바뀔 수 있습니다. 물론 반복 학습에 오랜 시간이 필요하겠지만 성인이 돼 발레를 배우기 시작한 사람들도 결국 발레라는 새로운 움직임에 적합한 몸과 마음까지 얻을 수 있다는 것이죠. 이때 새로운 움직임을 배우면서 움직임에 필요한 신체 부위를 따로따로 훈련하기보다 새로운 움직임을 하나의 패턴으로 만들어서 한꺼번에 익힐 수 있다면 효율적이겠죠. 바로 그러한 패턴을 익히는 데 유용한 방법이 프랭클린의 심상 훈련법입니다. 특히 프랭클린 메소드는 해부학에 기초를 두고 있어서 직관적으로 이해할 수 있고 실제 움직임에 적용하기에도 무리가 없습니다.

예를 들어 쁠리에를 배울 때 상체, 하체, 팔, 고개 등으로 나눠 부분별로 각각 지시를 내리기보다 적절한 신체 이미지를 제공해 신체 각 부분이 유기적인 움직임을 나타내도록 자연스럽게 유도하면 새로운 움직임을 효과적으로 익힐 수 있습니다. 쁠리에를 할 때, 떠오르는 구름이 허벅지 아래를 받쳐준다고 상상하면서 다리를 굽히면 자연스럽게 종아리도 길게 쓰고 상체도 풀업 하게 됩니다. 또 쁠리에로 내려가는 동안 내 다리를 채우고 있던 모래가 뒤꿈치를 통해 스르륵 빠져나간다는 이미지를 상상하면 뒤꿈치로 땅을 과하게 누르지 않게 됩니다. 턴을 할 때는 골반 위치에 큰 팽이가 있으며 거꾸로 세워진 원뿔 안에서 자신이 돌고 있다고 상상하도록 유도하기도 합니다. 연구 결과에 따르면 심상 훈련은 전문 무용수에게도, 취미발레인에게도 확실히 도움이 됩니다.

실제 존재하지 않는 허벅지 아래 구름과 종아리 속 모래 등이 실재하는 것처럼 생각하고 그 경험을 흉내 내는 것이 심상 훈련의 기본 원리입니다. 구름이나 모래는 눈에 보이지 않으니 '마음의 눈'으로 봐야겠죠. 마음으로 보고 몸으로 움직이는 훈련을 하는 과정에서 몸과 마음이 협업하는 체험을 할 수 있습니

다. 마음의 눈으로 구름이나 모래를 볼 수 있다면 구름 위에서 모래를 쏟으며 삘리에 하는 내 모습도 자연스럽게 함께 볼 수 있을 것입니다. 유체 이탈하듯 내 몸을 빠져나온 내 마음의 눈이 적당한 거리에서 내가 삘리에 하는 것을 보고 있다고 상상하면, 마음의 눈을 통해 바라보는 내 모습에 집중하게 됩니다. 취미발레인이 3인칭 시점으로 발레 하는 자신의 모습을 인지하고 기억한다는 사실은 굉장히 흥미로운 일입니다. 마음의 눈으로 바라본 나의 모습이 곧 누군가에게 비치는 혹은 비치길 바라는 내 모습일테니까요.

수술받은 경험이 있는 사람들은 대체로 비슷한 기억을 간직하고 있습니다. 스트레처 카트에 누워 병실에서 수술실로 옮겨질 때 눈에 들어오는 풍경들이 대표적입니다. 우선 빠르게 지나가는 병원의 천장 타일과 형광등이 기억에 남습니다. 이것들은 모두 내 눈으로 보는 1인칭 시점의 기억입니다. 1인칭 시점으로는 환자복 차림의 내 모습을 볼 수 없습니다. 여행의 추억도 1인칭 시점으로 기억됩니다. 여행지에서 본 풍경, 함께 여행한 친구나 가족들의 표정 등의 추억들도 모두 내 눈으로 직접 본 1인칭 시점의 장면들로 기억됩니다.

그런데 발레 수업에서 실제 눈으로 본 장면은 사실 잘 기억나지 않습니다. 1인칭 시점인 내 눈으로 본 학원의 바닥, 벽, 천장, 발레 메이트들은 기억나지 않고 멋지게 삘리에와 땅뒤를 하는 거울 속 내 모습만 기억에 남습니다. 학원에서는 거울을 보며 발레 동작을 하기 때문에 거울에 비친 내 모습이 가장 익숙할 수밖에 없습니다. 또 거울에 비친 모습은 적당한 거리에서 나를 바라보는 3인칭 시점이지만 1인칭 시점인 내 눈으로 바라본 거울에 비친 내 모습이기도 하죠. 거울이 많은 환경 때문에 발레 하는 내 모습을 3인칭 시점으로 기억하는 것이 당연합니다. 하지만 발레를 오래 하다 보면 중상급반에 올라가서 거울을 보지 않고 수행하는 동작이 많아져도 학원 바닥이나 벽 등이 보이는 1인칭 시점이 아닌 누군가 나를 바라보는 듯한 3인칭 시점으로 자신의 발레 수업을 기억합니다.

무대에 서는 무용수들은 자신이 발레 하는 모습을 어느 시점으로 기억하고 있을까요? 무용수들에게 자신이 발레 하는 모습을 1인칭 시점으로 기억하는지, 아니면 3인칭 시점으로 기억하는지 물어봤을 때 모두의 대답은 같았습니다. 1인칭 시점으로도 기억하고, 3인칭 시점으로도 기억하고 있다고 합니다. 무용수들의 대답을 모아보면 "1인칭, 3인칭 둘 다 재생돼요", "기억을 떠올리면 1인칭과 3인칭 시점이 치열하게 섞여서 생각나요", "1인칭 시점입니다. 무대에서 바라보는 관객이 주로 기억납니다", "무대는 1인칭 시점으로, 연습이나 리허설은 3인칭 시점으로 기억합니다" 등입니다(대답을 들려준 무용수들이 누구인지 자랑하듯 밝히고 싶은 마음에 입이 근질거립니다). 무용수에 따라 누군가는 1인칭 시점을 먼저 떠올리고 다른 누군가는 3인칭 시점을 먼저 떠올리는 차이는 있었지만 기억을 되살리는 것도 1인칭 시점, 3인칭 시점 모두 가능하다고 합니다. 무용수들에게는 분명 취미발레인에게는 없는 1인칭 시점의 기억이 존재하는가 봅니다.

무용수들이 기억하는 발레 하는 장면은 주로 무대에서 춤추며 보는 객석, 관객, 동료, 무대 장치들입니다. 우리가 학원에서 뻴리에를 하면서 보는 1인칭 시점의 바닥, 벽, 천장이 발레의 기억으로 남지 않는 이유는 발레를 하면서 줄곧 거울을 바라봤기 때문일지도 모릅니다. 1인칭 시점으로 보는 장면이 애초에 거울을 통해 만들어진 3인칭 시점이기 때문에 구별할 수 없었을 겁니다. 하지만 발레 실력이 올라가 거울을 보지 않게 돼도 발레 하는 자신을 3인칭 시점으로 기억하는 것을 보면 아직까지는 발레를 배우는 나를 내가 아닌 또 다른 객체로 인식하는 듯합니다. 시간을 더 많이 들이고 끊임없이 연습하고 훈련하면 뇌가소성으로 인해 몸과 마음이 온전히 바뀌겠죠. 그 이후에야 비로소 발레를 하는 나를 스스로 인정하게 되면서 1인칭 시점이 생기는 것은 아닐까요? 어쩌면 무용수가 갖고 있는 1인칭 시점은 결국 시간과 노력으로 얻어낸 훈장인지도 모르겠습니다.

해마다 월드 발레 데이(World Ballet Day)가 되면 여러 발레단이 클래스 영상을 공개합니다. 공연 속에서만 볼 수 있었던 무용수들이 바 동작을 하는 모습은 공연 못지않은 감동과 재미를 전해 줍니다. 월드 발레 데이 영상이 '발레 세상'을 휩쓸고 지나가면 이제 학원에서는 각 발레단 클래스 순서대로 수업을 진행하기도 합니다. 그런데 우리는 발레단 무용수와 같은 동작으로 발레를 하면서도 그 장면을 1인칭 시점으로 기억하지 못합니다. 영상 속 무용수들은 자신의 눈으로 봤던 1인칭 시점 장면으로 월드 발레 데이 클래스를 기억하겠지만, 우리는 마음의 눈을 통해 보는 3인칭 시점의 나만을 기억하게 되는 것입니다.

살다 보면 다른 사람의 시선을 의식하기도 하고 나도 모르게 남들이 기대하는 내 모습에 나를 맞춰 살아가기도 합니다. '남들이 기대하는 나'는 사실 3인칭 시점의 눈으로 본 나이기도 합니다. 마음의 눈으로 보는 나와 실제 내 모습이 다를 때 우리는 자신의 눈으로 보는 데 관심을 덜 두고서 3인칭 시점만 남기곤 합니다. 다른 사람의 시선이 곧 사실이라고 받아들입니다. 즉 마음속의 내가 나를 인정할 수 없을 때 1인칭 시점은 점점 희미해지고 다른 사람이 바라보는 내 모습만 기억에 남게 됩니다.

마음의 눈은 기쁠 때나 힘들 때나 언제나 나를 바라보고 있습니다. 마음의 눈과 함께 내 눈도 떠야 합니다. 내 눈에 실제로 보이는 것을 받아들이고 기억하고 추억해야 합니다. 내 눈으로 보는 것을 많이 기억하고 추억할수록 마음의 눈도 현실 속의 나를 주목하게 됩니다. 힘들어 지치거나 자신이 없을 때 내 눈을 감아버리고 마음의 눈에만 의지하면 자신 없는 내가 만든 가상의 나만 남게 됩니다.

어른이 돼 발레를 배우면 마음의 눈을 경험하게 됩니다. 마음의 눈은 미숙한 내 모습마저 항상 멋지게 기억할 수 있도록 도와주기도 하죠. 그렇게 병아리 시절을 보내고 나면 서서히 내 눈으로 세상을 바라보게 됩니다. 마음의 눈만 뜨고 있던 병아리가 내 눈으로 본 것을 느끼고 기억할 수 있는 진정한 발레인으로 거듭나는 경험은 발레를 취미로 배우는 어른들이 받는 선물입니다. 평생 지속되는 뇌가소성은 이 모든 것을 가능하게 해주니 내가 가진 가장 소중한 자산일지도 모르겠습니다.

17. 탐닉

도파민은 발레 호르몬

발레는 중독성이 있다고 합니다. 취미발레가 대중적이라고 할 순 없지만 일단 한번 시작하면 멈추기가 쉽지 않습니다. 사정이 생겨 발레를 못 하게 되면 마음이 불안해지기도 합니다. '중독' 은 여러 뜻으로 쓰입니다. 음식물이나 약물의 독성에 의해 기능 장애를 일으키는 일도 '중독'이라고 하고, 술이나 마약을 지나치게 복용해 그것 없이는 견디지 못하는 병적 상태도 '중독'이라고 하고, 어떤 사상이나 사물에 젖어버려 정상적으로 사물을 판단할 수 없는 상태도 '중독'이라고 합니다. 독성에 의해 신체가 기능 장애를 일으키는 중독(poisoning)과 구별해 어떤 일을 몹시 즐긴 나머지 거기에 빠지거나 특정 행위나 약물 사용을 반복하여 의존성이 생겨 정상적인 생활을 할 수 없게 된 상태를 사전적으로는 탐닉(addiction)이라고 합니다.

발레에 탐닉하기 위해서는 일단 반복적으로 발레에 노출돼야 합니다. 발레 공연을 보거나 직접 발레 배우기를 반복하다 보면 발레를 하고 싶어지는 마음이 더 강해지고, 자신이 원하는 일을 이제야 찾았다고 생각하면서 발레에 점점 더 빠지게 됩니다. 이렇게 발레에 빠지도록 관여하는 호르몬은 도취감과 성취감을 느끼게 해주는 도파민입니다. 유포리아(euphoria)라고 불리는 행복감을 느끼게 해주는 호르몬인 도파민은 발레 활동을 하기 위해 무언가를 준비하는 동안 주로 분비됩니다. 이 도파민은 발레 공연을 더 많이 봐야겠다는 '의욕'을 느끼게 해주고, 발레를 보는 데서 그치지 않고 실제로 배워봐야겠다고 '결심'할 수 있도록 도와주기도 합니다. 발레 공연을 보기 시작했다면 의욕을 북돋아주고 결심을 도와주는 도파민의 영향을 받아 자연스럽게 발레 클래스까지 관심을 갖게 되는 것이죠.

도파민이 우리 몸에서 어떻게 내 몸속 발레 세포를 깨우는지 살펴봅시다. 일단 도파민의 기운에 힘입어 발레 학원에 등록합니다. 아무리 도파민 소나기를 맞은 상태라도 발레를 배우는 일은 다소 힘겨워 보입니다. 발레복이나 슈즈 등 준비해야 할 것도 많고 대중적이지 않아서 남들의 시선도 의식하게 됩니다. 우여곡절 끝에 발레를 배우기 시작했으나 얼마나 지속할지 모르는 상태이니 일단 요가나 필라테스를 배울 때 입었던 옷차림으로 수업을 받기 시작합니다.

발레 수업은 대개 80~90분 정도 진행되는데 수업이 시작한 뒤 40~50분이 지나면 몸은 지치고 근육에는 피로가 쌓이고 통증도 서서히 느껴지기 시작합니다. 초심자라면 발레 수업 시작 10분 이내에 느낄 수 있는 증상입니다. 그럼 뇌 속에서는 이러한 상황을 스트레스로 인식하고 몸을 보호하고 통증을 이길 수 있도록 베타 엔돌핀이라는 진통 물질을 분비하기 시작합니다.

베타 엔돌핀은 운동할 때나 무언가를 새로 배우려는 의욕이 클 때 증가하는 경향이 있습니다. 발레를 배우기 시작하는 이 시기에도 베타 엔돌핀이 활발하게 분비됩니다. 한편 베타 엔돌 핀은 극한 상황을 견디기 위해 분비되는 호르몬이지만 그 효과가 엄청나서 고통을 잊게 해주는 데 그치지 않고 더 나아가 행복감마저 느끼게 해줍니다. 바로 이때 느끼는 행복감 때문에 사람들이 베타 엔돌핀을 다시 찾게 되죠. 바로 탐닉의 근원입니다. 그 덕분에 사람들은 다음 수업하는 날을 손꼽아 기다리고 다시 발레 학원을 찾게 됩니다. 이쯤 되면 내가 좋아하는 것이 발레인지 베타 엔돌핀인지 혼동되기도 하지만 구분하는 것은 의미 없습니다. 사실 같은 겁니다.

한편 베타 엔돌핀이 분비되는 극한 상황에서는 초인적인 힘을 내는 아드레날린도 함께 분비됩니다. 아드레날린 덕분에 엄청나게 힘도 나고 베타 엔돌핀 덕분에 아프지도 않으니 발레 수업 막판에는 엄청난 일도 해낼 수 있습니다. 아픈 무릎으로 점프도 여러 개 하고 기울어질지언정 쓰러지지 않고 끝내 턴을 마치기도 합니다. 너무 힘이 넘치는 것이 아닌가 싶어 일부러 숨을 거칠게 몰아쉬기도 해봅니다만, 선생님도 베타 엔돌핀과 아드레날린이 넘쳐나는 타이밍을 정확히 알고 있는 듯합니다. 무시무시한 동작 순서를 내주면서 몰아치거든요. 잊지 마세요. 선생님들은 베타 엔돌핀과 아드레날린에 익숙한 유경험자들입니다.

베타 엔돌핀은 몸이 힘들 때 나오는 호르몬이어서 학원에 가야만 맛볼 수 있다는 단점이 있습니다. 발레 수업의 힘든 앞부분을 견뎌야 비로소 베타 엔돌핀이 주는 행복감을 느낄 수 있습니다. 이때 도파민의 역할에 대해 다시 생각하게 됩니다. 행복한 일을 준비할 때 많이 분비되는 호르몬이라고 했으니 발레 수업을 준비하고 장비를 마련한다면 수업 전날부터 도파민을 맛볼 수 있겠죠. 발레 수업에 입고 갈 발레복이나 장비들을 온라인 장바구니에 담고 우선순위에 맞춰 구입도 하고, 콘셉트를 고려해 깔맞춤으로 내일의 복장을 이리저리 코디하는 동안 우리는 도파민을 듬뿍 맛보게 됩니다.

최근 연구 결과에 따르면 도파민이 행복이나 쾌감뿐만 아니라 두려움이나 공포에도 관여한다고 합니다. 쾌감으로부터 멀어지지 않도록 우리에게 강박을 주기도 하고, 위험을 앞둔 우리에게 경고하며 회피를 유도하기도 하는 것이죠. 발레 장비를 준비하는 동안 행복감을 주기 위해 도파민이 분비되기도 하고 매달 우리를 떨게 만드는 카드 대금 결제일에 맞춰 한 번 더 도파민이 분비돼 행복감을 준다고 하니 도파민은 정말 발레와 떼려야 뗄 수 없는 관계인 듯합니다. 그래서인지 발레를 시작하면 도파민에서 벗어날 수 없습니다. 만약 카드 결제일에 알 수 없는 행복감을 느낀다면 우리 몸이 두려움이나 공포를 감지해 도파민을 분비한 것이라고 생각하면 됩니다. 발레를 배우다 보면 몸 이곳저곳에 얻게 되는 만성 통증의 원인도 도파민이라는 연구 결과가 있습니다. 이쯤 되면 도파민을 발레 호르몬이라고 불러야 할지도 모르겠습니다.

행복 호르몬인 도파민의 가장 큰 단점이라면 바로 탐닉을 유도한다는 것입니다. 도파민이 과다 분비되는 상황에 반복적으로 노출되면 도파민 분비를 유발했던 해당 자극 이외에는 뇌가 반응하지 않게 됩니다. 발레를 하거나 발레를 준비할 때는 행복하지만 일상생활에서는 자극도 없고 행복감을 느낄 수 없게 됩니다. 결국 도파민 분비를 위해서라도 계속 발레에 빠지게 되는 것이죠. 그러면 뇌는 이러한 상황에 위기감을 느끼고는 탐닉에서 벗어나기 위해 노력합니다. 도파민 수용체 수를 줄여서 도파민 농도가 높더라도 뇌가 그중 극히 일부만 사용하도록 조절하는 것이죠. 이렇게 뇌가 반격을 시작하면 정말 멋진 발레 장비를 구입해도 예전만큼 행복해지지 않습니다. 발레를 준비하면서 도파민이 많이 분비돼도 그중 극히 일부만 신경에 작용할 뿐이거든요. 이때 뇌의 또 다른 영역이 다시 반격을 시작합니다. 도파민 분비가 과하다고 판단해 뇌가 도파민 수용을 줄였을 뿐인데 도파민의 절대량이 부족하다고 판단해 더 많은 도파민이 분비되도록 발레 활동을 더 자주 반복하도록 유도합니다. 이렇듯 탐닉에서 벗어나고자 하는 뇌와 탐닉을 더 추구하고자 하는 뇌가 싸우게 되지만 사실 싸움의 승부는 이미 나 있습니다. 당연히 발레의 승리죠.

발레를 향한 도파민의 돌진은 여기에서 멈추지 않습니다. 도파민은 뇌의 지휘관이라고 할 수 있는 전두엽에서 뇌의 다른 영역으로부터 오는 정보의 흐름을 조절합니다. 특히 기억 기능에 큰 영향을 줍니다. 의욕을 넘치게 해주면서도 기억은 희미하게 해주는 식으로요. 예를 들어 기능이나 디자인 면에서 과거에 구입한 장비와 비슷한 새 장비를 구입하려고 할 때 도파민이 개입해 고민을 줄여주고 죄책감을 잊게 해줍니다. 예전에 비슷한 장비를 구입했던 기억을 지워서 새 장비를 고민 없이 구입하도록 말입니다. 발레를 계속하는 데 방해되는 기억들을 잊게 해줘서 발레를 떠날 수 없게 만들죠.

발레를 못 하게 됐을 때 정상 생활이 가능하지 않다면, 또 발레를 계속하면 자신에게 심각한 피해가 생길 것을 알면서도 발레를 멈출 수 없다면 탐닉 상태입니다. 가령 발레로 인한 통증이 지속되고 있는데도 발레를 계속하고 싶은 마음이 생긴다면 발레 의존증이 생긴 것입니다. 이때는 발레와 잠시 떨어져 있는 것이 좋습니다. 하지만 발레를 하면서 내 생활에 더 큰 에너지가 생기면서 즐거움이 늘어나고 삶에 수반되는 어려움을 헤쳐나갈 힘마저 얻고 있다면 탐닉에 대한 염려 따위는 잊고 맘껏 도파민과 베타 엔돌핀과 보너스로 주어지는 아드레날린까지 챙기면 됩니다.

탐닉의 다른 이름은 습관입니다. 탐닉과 습관은 종이 한 장 차이일지도 모릅니다. 발레로 인해 삶에 필요한 긍정적 에너지를 얻는다면 발레가 내게 좋은 습관이 된 것이죠. 도파민이 부족하면 우울증이나 파킨슨병을 얻을 수도 있습니다. 또 도파민은 행복감을 느끼게 해줄 뿐만 아니라 일에 집중할 수 있도록 돕기도 합니다. 발레를 만나고 나서 내 삶을 더 알차게 채울 수 있었다면 발레에서 얻은 행복감이 차츰 내 삶의 다른 부분에 스며들고 있다는 증거입니다. 발레를 통해 도파민이 주는 행복감과 베타 엔돌핀이 주는 행복감의 미묘한 차이마저 느낄 수 있는 호르몬 미식가가 되기를 기원합니다.

18. 조명

가스등, 포물선, LED

낭만 발레의 문을 연 발레 작품 〈라 실피드〉는 1832년 3월 12일 파리에서 초연됐습니다. 이 작품은 발레 명문가 탈리오니 가문의 필리포 탈리오니(Filippo Taglioni)가 자신의 딸 마리 탈리오니(Marie Taglioni)를 위해 안무한 작품으로 알려져 있습니다. 마리 탈리오니는 무대에서 처음으로 포인트 슈즈를 신었으며 공중에서 멈춰 있는 듯한 느낌을 주는 발롱(ballon)이라는 기술을 완성시킨 무용수로도 유명합니다. 이 시기는 가스등을 무대에 설치해 낭만 발레의 몽환적이고 환상적인 분위기를 연출한 것으로도 유명합니다.

18세기 후반에 발명된 가스등은 19세기 초부터 가로등으로 쓰였을 뿐만 아니라 일반 가정에도 설치됐습니다. 1938년에 연극으로 초연되고 1940년에 영화로 제작된 〈가스라이팅〉의 극중 배경이 1880년이니 전기가 발명돼 보급되기 전까지는 주로 가스등을 사용해 어둠을 밝혔던 것으로 보입니다. 석탄에서 추출

한 가스를 오늘날의 도시가스 형태와 같은 도관을 통해 공급해 불을 밝혔습니다.

가스를 공급하는 기술이 썩 좋지는 않아서 (가스 배관 속 압력을 일정 수준 이상으로 유지하는 기술은 한참 뒤에나 개발됐거든요) 집 안에 설치된 가스등을 하나씩 더 켤 때마다 이미 켜져 있는 다른 가스등의 밝기가 어두워졌다고 합니다. 영화 속에서도 외출한 남편이 몰래 집으로 숨어들어와 다락방의 가스등을 켜자 집 안의 다른 가스등이 어두워지는 장면이 나옵니다. 이렇게 열악한 가스등을 극장에서 조명으로 사용하는 일은 쉽지 않았을 것입니다. 전기 조명이 극장에 도입된 시기는 전기가 발명된 19세기 후반 이후일 것이므로 거의 100년 가까운 기간 동안 가스등으로 극장 내부나 무대 위를 밝혔을 것입니다.

가스등의 단점은 또 있었습니다. 무용수가 가스등에 부딪치기라도 하면 의상에 불이 붙거나 무대가 불타기도 했습니다. 무대 위에 가스등 조명을 설치하는 것은 그만큼 위험한 일이었습니다. 전기 조명이 도입되고 나자 안전 문제는 획기적으로 개선됐지만, 아직 개발 초기였던 만큼 전기 조명의 광효율이 좋지 않아 엄청난 열이 발생했습니다. 결국 무대 위 환경을 쾌적하게 만들기 위해 가스등이든 전기조명이든 무대에서 멀리 떨어진 곳에 설치해야 했습니다. 무대에서 먼 곳에 있으면서도 무대를 충분히 밝힐 수 있는 조명이 필요해진 것이죠.

여기서 잠깐 광원의 과학적 원리에 대해 살펴봅시다. 아주 작은 구 모양의 조명을 점광원이라고 합니다. 점광원의 빛의 세기는 점광원으로부터의 거리의 제곱에 반비례합니다(물리학에서는 거리의 제곱에 반비례하는 물리량이 많이 나오는데 이는 우리가 사는 세상이 3차원임을 증명하는 증거 가운데 하나입니다). 같은 시각에 점광원을 떠난 빛은 구 모양으로 퍼져 나갈 테니 구의 반지름은 광원과의 거리와 같고 구의 표면적은 반지름의 제곱에 비례합니다. 일정한 양의 빛으로 '구의 표면적'을 모두 비춰야 하므로 광원으로부터 멀리 떨어질수록 어두워지는 것은 자연스러운 일입니다. 거리의 '제곱'에 반비례하게 밝기가 떨어진다는 것은 빛이 그리 멀리 가지 못한다는 것을 의미합니다.

조명의 모양이 선 모양일 때 밝기는 (거리의 제곱이 아닌) 거리에 반비례합니다. 선 모양의 광원은 많은 '점광원'이 일렬로 늘어섰다고 생각할 수 있습니다. 즉 거리의 제곱이 아닌 거리에 반비례한다는 것은 점광원보다 선광원이 멀리 간다는 것을 의미합니다. 또다시 선광원을 모아 면적을 차지하는 면광원을 만들면 거리에 상관없이 일정한 밝기를 보여줍니다. 점광원에서 선광원을 거쳐 면광원으로 오면서 점광원의 수가 많아지므로 당연한 결과이긴 합니다.

방의 조명을 꾸밀 때 천장 한가운데 백열 전구를 달아놓으면 방 안 특정 지점의 밝기는 전구로부터 그 지점까지의 거리의 제곱에 반비례합니다. 형광등처럼 긴 모양의 광원을 천장에 설치하면 거리에 반비례하는 밝기를 보여줍니다. 천장 전체를 덮는 조명을 설치하면 방 안 어디나 같은 밝기로 밝혀줄 수 있는 것이죠. 예를 들어 광원으로부터 거리가 1미터에서 2미터로 멀어질 때, 점광원의 경우에는 1/4의 밝기가 되고, 선광원의 경우에는 1/2, 면광원의 경우 밝기 저하가 없습니다.

하지만 면광원은 극장에서 사용하기에는 적합하지 않았습니다. 면광원을 설치하면 무대뿐만 아니라 객석까지도 환하게 밝히게 되니 공연에 대한 몰입을 방해합니다. 기본적으로 극장 조명은 무대만 밝히고 객석은 어둡게 유지해야 하죠. 또 조명으로 인해 발생한 열이 공연에 방해되지 않도록, 무대 위쪽 멀리 떨어진 곳에 설치해야 합니다.

시간이 지나 이러한 문제를 모두 해결해주는 장치가 등장했습니다. 바로 조명 뒤에 씌우는 반사경입니다. 반사경은 주로 포물선 모양으로 만들어졌습니다. 반사경을 설치하고 점광원을 포물선의 초점 위치에 두면 점광원에서 나오는 모든 빛은 포물선이 열린 방향을 향해 일직선으로 반사됩니다. 이때 반사경 모양이 포물선인지, 타원인지에 따라 점광원의 밝기를 유지하며 빛을 멀리까지 보내는 정도가 달라집니다.

실제로 멀리 떨어진 천체를 관측하는 망원경의 렌즈 모양도

포물선   타원

포물선과 타원모양 반사경

포물선 모양입니다. 아주 먼 곳에서 날아온 빛을 한 곳으로 모아서 관측하는 원리죠. 하지만 포물선 모양의 렌즈나 반사경은 만들기가 까다로운 만큼 제작 비용이 많이 든다는 단점이 있습니다. 최근에도 장인이 일일이 손으로 조금씩 갈아서 제작한다고 합니다. 제작 비용을 절약하기 위해 사용된 것이 타원 모양의 반사경(또는 렌즈)입니다. 안경 렌즈만 해도 포물선 모양이나 타원 모양의 단면을 가진 비구면 렌즈와 원 모양의 단면을 가진 구면 렌즈를 구별해 사용하죠. 물론 비구면 렌즈가 수차가 적어 좋은 성능을 보여주고 가격도 더 비쌉니다.

포물선 모양 반사경 덕분에 점광원의 빛의 밝기를 희생하지 않고도 멀리까지 빛을 보낼 수 있게 됐습니다. 원이나 타원 모양으로 반사경을 만들어도 빛을 멀리까지 보낼 수 있습니다. 비록 원이나 타원 모양의 반사경 끝부분에서 약간의 빛이 바깥쪽으로 새어 나간다고 해도 포물선 모양 반사경을 만드는 엄청난 비용을 생각하면 참을 정도는 됩니다. 무엇보다 반사경 덕분에 무대 멀리 조명을 설치할 수 있게 됐고, 객석을 어둡게 유지한 채 무대를 밝히는 일이 가능해졌으니까요.

최근에는 LED라고 불리는 발광다이오드가 널리 쓰이며 기존 조명들을 빠르게 대체하고 있습니다. 광효율이 매우 높아 에너지의 대부분을 빛으로 바꿔주며 열도 많이 발생하지 않습니다. 무대 가까이에 설치해도 공연에 크게 방해가 되지 않죠. 또 열로 에너지를 허비하지 않기 때문에 소비 전력도 백열 전구에 비해 매우 낮습니다. 18세기 낭만 발레의 시작을 알린 〈라 실피드〉의 요정이 춤추는 장면처럼 몽환적이고 환상적인 분위기의 가스등 조명이 설치됐던 무대를 LED 조명을 사용해 재현할 수 있으리라 기대해봅니다.

맘껏 땀 흘릴 수 있는 권리

대학에서 발레를 전공하는 일은 결코 쉽지 않습니다. 무용과가 있는 대학교도 생각보다 적고, 무용과가 있는 학교도 발레 전공을 따로 구분하지 않는 경우도 있습니다. 서울 지역 대학에 발레 전공으로 입학하는 학생 수는 넉넉하게 세어도 한 해 100명을 밑돕니다. 또 발레 전공 입학 정원은 학교마다 달라서 적으면 7명, 많아도 15명을 넘지 않습니다. 요즘은 그마저도 줄어드는 추세이고요.

우리나라 대학 등록금은 세계적으로도 높은 편이죠. 미국, 일본 다음으로 비싸고 특히 2004년 무렵부터 등록금이 해마다 가파르게 오르고 있었습니다. 급기야 2009년에는 정부가 개입해 등록금을 동결하게 됩니다. 이후 지금까지 우리나라 대학 등록금은 거의 오르지 않았습니다. 정부가 개입하지 않았다면 대학 등록금의 상승세가 계속 이어져 현재보다 30퍼센트 정도 높은 수준을 기록했을 겁니다.

우리나라는 국가 재정이 부족한 상황에서 교육 시설을 급히 확충하기 위해 독지가의 사립학교 설립을 장려했습니다. 그 결과 사립학교 비율이 꽤 높은 편입니다. 설립자가 재산을 출연해 기본적인 학교 시설을 마련했지만 급히 설립된 데다 재정이 넉넉하지 않아 대부분의 운영 비용을 등록금과 정부의 지원금으로 충당해야 했습니다. 또한 초중고등학교와는 달리 대학에 주어지는 정부 지원금이 미미하기 때문에 대부분 사립대학은 등록금을 재원으로 삼아 운영을 했습니다.

대학의 등록금이 동결된 십수 년 동안 물가가 끊임없이 오른 것을 감안하면 사립대학의 예산은 10여 년 전보다 30퍼센트 이상 줄었다고 생각할 수 있습니다. 각 대학에서는 절약을 통해 비용을 줄이고 등록금 이외의 수입을 늘리기 위해 노력하고 있죠. 대학에서 수주하는 연구비도 대학 운영 재원에서 큰 비중을 차지합니다. 예를 들어 제가 근무하는 대학에서 수주하는 1년 연구비는 해마다 늘어나 지금은 대학 전체의 등록금 수입과 비슷해졌습니다. 하지만 연구비는 대부분 연구에 필요한 비용으로 사용되기 때문에 대학 운영에 직접 도움이 된다고 보기는 힘듭니다. 다만 연구에 필요한 비용을 사용하는 과정에서 대학 구성원이 간접적으로 혜택을 보기 때문에 연구비는 확실히 대학 재정에 도움이 됩니다.

대학이 수주하는 연구비는 보통 대학원생 수에 비례합니다. 정부에서 연구비를 책정할 때 기준으로 삼는 항목이 대학원생 인건비이기 때문이죠. 일단 대학원생 수가 많아야 연구비를 많이 수주할 수 있다는 계산이 나옵니다. 그런데 문제는 정부에서 대학의 연구비를 지원할 때 이공계열에 주로 배정한다는 것입니다. 그럼 학교 입장에서는 연구비를 많이 확보하려면 이공계열 대학원생 수를 늘려야겠죠. 학부 졸업생이 진학해 대학원생이 되는 경우가 대부분이니 학부 정원이 많을수록 그에 비례해 대학원생도 늘어날 것입니다.

즉 각 대학이 확보하는 이공계열 연구비를 생각하면 타 계열 학부생보다 이공계열 학부생의 정원을 늘리는 것이 대학 재정을 위한 옳은 선택일 겁니다. 그래서 대학은 재정이 어려워질수록 이공계열 정원을 늘리려고 하고, 대학의 전체 입학 정원이 고정돼 있으니 타 계열 학과의 정원을 이공계열로 옮기려고 하는 것입니다. 예체능 계열의 정원이 상대적으로 감소하는 이유 중 하나입니다.

교육 비용 면에서도 예체능 계열은 불리합니다. 학생 한 명당 투입되는 교육 비용이 더 높기 때문이죠. 예체능 계열은 대부분 소수 인원 단위로 실기 교육을 하기 때문에 교원도 많이 필요하고 넓은 교육 공간도 필요합니다. 정부에서는 국민의 부담을 줄이기 위해 대학 등록금을 낮은 수준으로 유지하도록 했지만, 엉뚱하게도 대학 캠퍼스 안에서 학과 간 경합과 불평등을 만드는 결과로 이어지고 있는 현실입니다.

각 대학마다 주기적으로 학과 정원을 조정하는 만큼 예체능 계열 학과들은 온 힘을 다해 대학본부를 설득해 정원을 사수하려고 합니다. 학과 재정을 자체적으로 확충하기 위해 노력하면서 다양한 융합 연계 전공을 개설하고 교내 다른 학과와 협업도 모색하고 있습니다. 하지만 실기 교육의 수월성을 유지하는 것만으로도 벅찬 상황이어서 여력이 없어 보입니다.

교원을 확충하고 예산을 확보해 실기 교육을 지키고자 하는 예체대 교수들의 노력을 옆에서 보고 있으면 정말 눈물겹습니다. 게다가 학과 정원을 지키기 위해 노력하는 동안에도 시간은 흐르기 마련이어서 발레 전공 교수가 정년을 맞아 은퇴하고 나면 상황은 더 막막해집니다. 그동안 힘겹게 지켜왔던 10명 남짓의 발레 전공 정원마저 지킬 사람이 없어져 정원을 하나둘 내어주게 되겠죠.

우리나라의 경우 직업 발레단에서 요구하는 발레 전공 졸업생의 수요가 그리 많지 않습니다. 대학에서 발레 전공 정원을 지켜야 한다는 주장이 설득력을 얻기 힘든 현실이죠. 자신들의 학과를 지키려는 노력이 '어려운 대학 재정에 기여하려는 노력을 하지 않으면서 자기 전공만을 지키려는 이기심'으로 곡해되기도 합니다. 그만큼 사회적 요구와 수요를 감당하며 인재를 배출한다는 자부심만으로 학생들을 가르치기에는 너무나도 힘든 환경입니다. 발레 전공을 지키는 무용과 교수도 각 대학마다 한두 명에 불과하기 때문에 그들이 교내에서 할 수 있는 노력의 범위는 더더욱 한정적입니다. 뜬금없는 소리지만, 발레를 사랑했던 루이 14세가 다시 환생해 국내 대학의 무용과에 특별한 관심과 배려를 베풀어주기를 바랄 정도로 현실은 절망적입니다.

발레를 전공하는 학생들은 사회적 수요가 많은 분야를 따라다니는 기회주의자들이 아닙니다. 자신의 전공을 사랑하기에 많은 어려움을 겪으면서도 발레를 선택했을 뿐입니다. 발레와 관련된 직업을 갖기 어렵다는 현실을 알면서도 가족의 헌신적 지원을 받아가며 발레를 전공했을 것입니다. 학과 사정은 힘들지만 발레 실기실 학생들의 열기가 항상 뜨거운 것만 봐도 알 수 있습니다. 자신의 순서가 아니어도 한 번이라도 더 따라 하려는 학생들이 발레 실기실에 그토록 많이 모인 것은 우연이 아닙니다.

외국처럼 발레단에 속한 발레 전문 학교가 거의 없는 우리나라의 발레 교육 현실을 고려하면 발레를 배워 전문 무용수가 되려는 학생들에게 대학의 발레 교육은 유일한 선택지입니다. 해외 유학의 문은 더더욱 좁기만 합니다. 학생들의 뜨거운 열정 덕분에 발레 전공을 지키고 있는 교수들의 어깨가 더 무거워질 수밖에 없겠죠. 그럴수록 발레를 배우는 학생들을 등 뒤에서 감싸 안으며 더욱더 어려운 환경에 맞서야 합니다. 현실과 타협하고 싶은 마음의 유혹을 뿌리치고 아직까지 꿋꿋하게 버텨주는 교수들과 학생들을 힘껏 뒷바라지하는 부모들이 우리나라 대학 발레 교육을 받쳐주는 공신들입니다.

대학 4년의 실기 교육을 성공적으로 마치고 전문 무용수에 도전할 수 있었던 학생들은 일단 좋은 결과를 얻었다고 생각합니다. 부상이나 기타 이유로 무용수의 길을 도중에 포기해야 하는 학생들도 꽤 많습니다. 꼭 무용수가 아니더라도 발레와 관련된 무대, 의상, 조명, 예술 경영 등 기타 진로로 전향할 수 있도록 돕는 시스템을 대학에서 갖춰야 하지만, 아직까지는 각 대학에 여력이 없어 보입니다.

지금까지 각 대학 발레 전공 구성원들이 자신의 위치에서 할 수 있는 많은 노력을 했다고 생각합니다. 교수 한 사람이 할 수 있는 일은 극히 제한적입니다. 이제는 다양한 방향으로 힘을 합칠 때입니다. 대학교 담장의 경계를 넘어 각 대학의 발레 전공이 함께 힘을 합치고, 대학교 담장 안에서는 다른 전공과 협업을 모색하고, 대학 발레 교육의 사명과 어려운 현실을 외부에 정확하게 알려 도움도 받아야 합니다. 또 오직 발레를 배운 사람들이 만들 수 있는 보물 같은 움직임들을 찾는 기업들을 찾아 수익을 만들어내는 노력도 할 수 있을 겁니다. 앞으로 남은 시간이 그리 많아 보이지는 않습니다. 지금까지 잘 버텨주던 교수들이 은퇴하고 나면 희미한 불씨마저도 꺼질지 모릅니다.

대학에서 발레를 지키는 교수님들, 실기 강의의 한 축을 맡아 헌신하는 강사 선생님들, 현재 상황에 굴하지 않고 오늘도 연습실을 지키는 학생 여러분, 그 학생들을 뒤에서 받쳐주는 가족 여러분들에게 찡한 마음으로 감사 인사를 드립니다. 더 늦기 전에 발레를 사랑하는 사람들이 힘을 모아야 합니다. 학생들의 연습복을 적시는 것은 땀이어야 합니다. 절대 그들의 눈물이어선 안 됩니다.

20. 움직임 산업
픽사, 메타버스, 발레

움직임은 이미 산업의 한 축이 됐습니다. 엔터테인먼트 산업에서는 움직임을 매개로 가치 있는 재화를 만들어 팔기도 합니다. 디즈니와 픽사(Pixar)가 제작해 2001년에 개봉한 애니메이션 〈몬스터주식회사〉에는 설리라는 털복숭이 캐릭터가 나옵니다. 영상 속에서 부드럽게 움직였던 300만 개의 털은 하나하나의 움직임을 컴퓨터로 각각 모델링해 그려낸 것입니다. 자연스러운 움직임을 만들기 위해 주변의 털이 움직이는 것까지 계산한 것이죠. 어마어마한 시간과 비용이 들어가는 작업이지만 6억 달러에 육박하는 전 세계 박스오피스 수익으로 충분히 충당하고도 남았습니다. 퀄리티 있는 털의 움직임이 엄청난 수익을 창출한 것이죠.

픽사는 애니메이션 캐릭터의 움직임을 획기적으로 발전시킨 컴퓨터 회사이자 애니메이션 스튜디오입니다. 픽사의 역사 속에는 〈스타워즈〉로 유명한 조지 루카스와 애플의 스티브 잡스가 등장합니다. 애플의 창업자 잡스는 자신이 영입했던 전문 경영인 존 스컬리에 의해 애플에서 쫓겨났습니다. 애플에서 나온 잡스는 넥스트(NeXT)라는 컴퓨터 회사를 세우고 당시로서는 획기적인 성능을 가진 워크스테이션 컴퓨터를 출시합니다. 최신 기술을 적용하고 멋진 외관을 갖춘 컴퓨터였으나 지나치게 시대를 앞선 기술과 높은 가격 때문에 사업적으로 성공하지는 못했습니다.

판로를 찾지 못한 잡스는 조지 루카스 감독의 영화 〈스타워즈〉에서 특수효과를 담당하던 루카스필름의 애니메이션 부서를 1,000만 달러에 인수해 애니메이션 스튜디오 픽사를 설립합니다. 영화나 애니메이션에 쓰이는 컴퓨터 그래픽에 엄청난 컴퓨팅 파워가 필요하다는 것을 알고 있던 잡스는 넥스트의 기술로 이미지 처리용 컴퓨터를 제작해 픽사에 공급했습니다. 픽사는 넥스트 컴퓨터로부터 공급받은 이미지 처리용 컴퓨터에 탑재된 정교한 3D 기술과 이미지 렌더링 기술을 이용해 〈토이스토리〉, 〈벅스라이프〉, 〈몬스터주식회사〉 등의 히트 작품을 발표하면서 이전과는 전혀 다른 새로운 장르의 애니메이션을 선보입니다. 특히 2004년에 발표한 3D 애니메이션 〈인크레더블〉은 디즈니의 도움을 받지 않고 컴퓨터 그래픽 애니메이션으로 '사람의 움직임'을 표현해낸 기념비적인 작품입니다.

설리 같은 애니메이션 캐릭터뿐만 아니라 게임 속 캐릭터에도 움직임이 필요합니다. 애니메이션과 비교하면 게임 속 캐릭터 움직임은 아직까지는 조잡한 편입니다. 애니메이션에 비해서 움직임의 비중이 적은 편이지만 분명 게임 속 캐릭터도 움직임이 필요하고, 세련된 움직임에 대한 요구도 커지고 있습니다. 사이버 가수나 사이버 배우 등 인터넷에 존재하는 캐릭터들에게도 움직임은 필요하죠. 아바타라고 부르는 사이버 세상의 나 자신도 움직임이 필요합니다. 메타버스(metaverse) 세상이 열리면 우리가 사는 세상에 존재하는 모든 생명체가 사이버 세상에서 살아가게 되고 모니터 화면을 통해 서로의 일거수일투족을 보게 될 겁니다.

애니메이션이나 게임 속 캐릭터의 움직임은 컴퓨터가 구현할 수 있는 그래픽의 형태로 가공된 것입니다. 현실 속 누군가의 움직임을 본따 컴퓨터상에서 캐릭터의 움직임으로 재현해낸 것이죠. 인공지능(AI; artificial intelligence) 기술을 통해 스스로 움직임을 만들어내는 캐릭터라 할지라도 머신 러닝에 필요한 학습 데이터는 사람이나 동물, 기타 생명체의 실제 움직임으로부터 받아야 합니다. 데이터로 충분히 가치 있는 움직임에 대한 정보를 지속적으로 공급받아야만 메타버스 안 생명체들도 멋지게 움직일 수 있습니다. 메타버스 속 캐릭터들은 단지 화면을 통해 움직임을 전하기 때문에 우리의 평범한 일상적 움직임을 있는 그대로 표현하면 다소 밋밋하게 느껴질 겁니다. 연극 무대에서는 다소 과장된 목소리와 톤이 자연스럽게 들리는 이치와 비슷합니다.

따라서 앞으로는 '보여주기 위한 움직임'에 대한 전문 지식이 필요합니다. 자신이 의도했던 감정과 메시지를 보는 사람에게 생생하게 전달하는 질 좋은 움직임은 전문 지식과 경험에 의해 만들어집니다. 실제 영화나 애니메이션에 등장하는 좀비의 움직임도 전문적인 팬터마임 배우에 의해 만들어집니다. 스포츠 게임에 나오는 운동선수의 움직임도 유명 운동선수의 실제 움직임을 캡처해 만드는 경우가 많습니다. 대사 없이 움직임만으로 메시지와 감정을 전달하는 전문가는 무용 분야, 특히 발레 분야에 많습니다. 발레 무용수는 대사 없이도 드라마 속에서 음악과 리듬에 맞춰 개연성 있는 스토리를 전달하는 능력을 갖추고 있죠. 그만큼 발레 움직임에는 생명력 있는 캐릭터 움직임을 만들어낼 잠재력이 충분하다고 생각합니다.

만약 발레 무용수에게 야구 선수의 움직임을 표현해달라고 부탁하면 어떨까요? 우선 야구 선수의 움직임을 관찰할 겁니다. 야구 선수의 스윙은 공을 원하는 방향으로 멀리 보내기 위한 기능적 측면을 강조합니다. 겉으로 보기에 멋지지 않아도 야구방망이에 공을 맞춰 멀리 보낼 수 있다면 최고의 스윙일 테니까요.

하지만 무용수는 추상화 작업을 먼저 시작합니다. 야구 선수의 움직임에서 강조할 것을 선별하고 불필요한 것을 과감하게 생략해 보는 사람에게 전달할 움직임의 메시지를 결정하고 새로운 움직임을 만들어냅니다. 기능적 측면을 희생하는 대신 메시지 전달의 효과를 극대화한 움직임을 생산하는 것입니다. 일상생활에서 걷고, 밥 먹고, 친구와 만나 포옹하는 등의 모습을 발레 무용수들이 표현해낸 움직임 데이터를 토대로 변환해 메타버스 캐릭터들에게 입히면 훨씬 더 아름다울 뿐만 아니라 메시지와 감정이 더욱 명확해질 것입니다.

수백 년에 걸쳐 축적된 발레의 움직임은 기본 동작의 형태로 블록화돼 있습니다. 우리가 발레 수업에서 배우는 간단한 동작들이 모두 레고 블록처럼 다양한 조합으로 조립돼 움직임을 만들어내는 구조입니다. 이렇게 단위 동작으로 세분화된 발레 형식은 인공지능을 구현하는 신경 회로망을 학습시키기에 적합합니다. 또 음악을 기본으로 하는 움직임이어서 동작마다 리듬감이 충만한 덕분에 보는 사람의 흥미를 지속시키는 능력이 있습니다. 무엇보다 보기에 아름답죠.

발레의 움직임은 독특한 근육 사용법에 기초를 두고 있습니다. 일상생활에서 보통 사람이 쓰는 근육의 움직임과는 전혀 다릅니다. 근육의 사용법은 다르지만 보통 사람의 움직임을 모두 다 따라 할 수 있습니다. 발레의 움직임을 이용해 밥도 먹을 수 있고, 축 처진 자세로 쉴 수도 있고, 쪼그려 앉아 신발 끈을 묶을 수도 있습니다. 하지만 같은 움직임이라도 발레 근육의 움직임으로 구현하기 때문에 우아해 보이고 쉽게 흉내 낼 수 없습니다.

발레 무용수라면 이미 근육에 기본적인 움직임이 저장된 상태라서 특정 움직임을 만들기 위해 오랜 훈련을 거치지 않아도 됩니다.

메타버스 건설이 현실화되면서 관련 업계에서는 캐릭터 구축에 필요한 기술들이 하나둘 개발돼 적용되고 있습니다. 움직임 하나하나를 근육에 저장하고 있는 발레 무용수는 그 자체로 거대한 움직임 데이터베이스라 할 수 있습니다. 만약 메타버스 기술에 무용수 개개인의 데이터베이스를 활용할 수 있다면 굉장한 시너지 효과를 발휘할 것입니다. 발레라는 분야에 축적된 움직임을 궤뚫어 볼 수 있는 통찰력을 가진 전문가가 도전할 수 있는 새로운 분야입니다.

발레의 움직임이 넘쳐나는 메타버스 세상이라니 발레 팬으로서 상상만 해도 신납니다. 대개는 모니터 화면을 통해 3인칭 시점으로 메타버스 세계를 보게 되겠지만 가상현실(VR) 기술을 빌려 메타버스 세상에 직접 들어가 1인칭 시점으로 주변을 돌아보는 상상도 해볼 수 있습니다. 발레로 가득 찬 세상을 보는 흐뭇함에 저절로 미소가 지어질 거예요.

찰스 다윈은 《인간과 동물의 감정표현》이라는 책에서 얼굴 근육의 대부분은 특정 움직임을 표현하기 위해 움직이는 것이 아니라 심리 상태에 따라 얼굴 근육이 자동적으로 움직여 마음을 표현하게 되는 것이라고 했습니다. 또 사람의 뇌 속에는 거울 뉴런이라는 신경 세포가 있어서 다른 사람의 행동을 거울처럼 따라 하면서 호감을 표현하기도 하고, 다른 사람의 표정을 보고 감정을 알아채기도 합니다. 내 표정과 움직임은 현재 내 감정 상태는 물론 내가 겪어온 인생 경험의 반사체라고 할 수 있습니다. 컵을 들어 물을 마시는 단순한 움직임에도 내 감정과 경험이 그대로 반영되는 것이죠. 나의 움직임은 나를 표현하는 개성을 담고 있어서 걸음걸이만으로 다른 사람과 구분되기도 합니다.

근육의 움직임이 감정을 만들고 동시에 움직임이 나의 성격과 생각을 다듬어간다는 생각은 부정할 수 없습니다. 처음에는 현실을 반영해 메타버스 속 캐릭터들을 만들겠지만, 다윈의 말처럼 결국 메타버스 속 캐릭터들의 움직임도 현실 속 생명체를 변화시켜나갈 것입니다. 현실 세계와 메타버스는 마치 쌍둥이처럼 함께 공존하면서 많은 것을 공유하기도 하고, 각자의 개성이 빚어낸 독특한 성질들을 보여주면서 이 세상의 구석구석을 가득 채워나갈 것입니다. 발레가 그 중심에 설 수 있습니다. 하지만 실망할 수도 있습니다. 기대했던 것만큼 캐릭터의 움직임에서 발레의 느낌이 나지 않을 수도 있거든요. 발레의 움직임은 메타버스 속에서 그저 자연스러우면서 멋진 움직임으로만 보일겁니다. 어서 빨리 발레 무용수의 멋진 턴아웃을 구입해 내 아바타에 적용해보고 싶군요.

이제 취미는 발레입니다

"저는 공대생입니다."

걸모습부터 이미 대학생은 아니지만 자신을 이렇게 소개할 때가 많습니다. 공대생이 공대 졸업생의 줄임말 정도로 전달되면 좋겠다고 생각하는가 봅니다. 많은 공대생이 예술을 사랑합니다만, 저는 그렇지 못했습니다. 책을 많이 읽는 것도 아니었고, 공연을 많이 보는 것도 아니었습니다. 제가 딱히 좋아하는 것이 없다는 것을 깨닫기 시작할 무렵, 영화관을 찾아 영화를 보기 시작했습니다.

대략 이삼 년 동안 열심히 영화관을 찾아 영화를 봤습니다. 어떤 해는 백 편이 넘는 영화를 보기도 했으니 정말 부지런히 영화관을 찾았습니다. 재미있었냐고 물으면 그렇진 않았습니다. 아무것도 하지 않고 흘려보내는 시간을 잡고 싶었던 마음으로 무엇으로라도 시간을 채우고 싶었습니다. 그렇게 시간을 채우다 보면, 흘러가는 무위의 시간을 찾을 수 있을 것 같았고, 그렇게 찾아낸 시간들은 나중에 좋아하는 것으로 채우면 된다고 생각했던 것 같습니다.

이렇게 영화관에서 영화 보기를 시작했고, 흘러가는 시간을 막고 싶은 마음은 어느새 의무감이 됐고, 이후에는 강박이 됐습니다. 시간을 잡기 위해 시작한 일이 결국 또 시간을 잡아먹고 있었습니다.

"저는 날씬합니다."

대학에 입학했던 1990년, 제 몸무게는 60킬로그램이었습니다. 키는 182센티미터로 또래 중에서는 큰 편이었으니 멀리서 보면 순정만화 주인공 같았을 겁니다. 아마도.

대학원에 입학하면서 70킬로그램이 되고, 박사과정에 진학하면서 또 80킬로그램이 됐습니다. 신혼여행 다녀오니 90킬로그램에 육박했고 이후 몸무게를 재는 일을 멈췄습니다. 어느새 건강의 적신호가 하나둘 켜지기 시작했고, 당시 초등학교에 다니던 아이들이 자는 제 모습을 보며 "저러다 아빠 죽겠어"라고 했다는 말을 아내로부터 전해 들었을 때 적잖이 충격을 받았습니다.

직장 근처 문화센터의 요가반에 등록해 나가기 시작했습니다. 남성이 거의 없는 요가반에서 결석하는 일 없이 열심히 따라하기 시작했습니다. 삐끗해 허리나 무릎을 다치는 일도 자주 있었지만, 땀으로 흠뻑 젖은 운동복 차림으로 스튜디오를 나오는 기분은 꽤 괜찮은 것이었습니다. 요가가 익숙해질 무렵 가벼운 웨이트를 하는 느낌이어서 좋았다는 추천을 받고 필라테스를 시작했습니다. 일상에서 사용하는 관절의 가동 범위를 훌쩍 넘어가는 요가와는 달리, 적당한 가동범위 내에서 기구를 이용해 몸을 단련하는 것도 좋았습니다. 오픈 클래스도 열심히 찾아다니며 요가와 필라테스를 계속했습니다. 열심히 하는 만큼 내 몸도 좋아지리라는 막연한 믿음으로 우직하게 계속했습니다.

수업에서 따라가지 못한 부분은 책과 인스타그램을 통해 정보를 얻곤 했는데, 알고리즘은 저를 발레로 안내했습니다.

"취미는 발레입니다."

마침 충무아트센터에서 고전 발레 작품 〈백조의 호수〉 공연이 있었고, 운이 좋게 두 자리를 구해, 아내와 함께 공연장을 찾았습니다. 황혜민, 엄재용 무용수가 주역이었던 〈백조의 호수〉가 제 첫 무용 공연 관람작이었습니다. 그 첫 공연 이후 무용 공연을 보기 위해 공연장을 찾는 날이 많아졌습니다. 영화관을 찾을 때보다 훨씬 더 설레고 기쁜 마음이었습니다.

인식은 대상을 아는 일이며, 객관적 실재에 의식을 두는 일입니다. 인식은 실천에서 시작되며 첫 실천으로 감각을 통해 외면적인 인상을 얻게 되고 반복된 실천으로 그릇된 점이 정정되고 다른 사물과 구별되면서 이성적 인식을 얻습니다. 이름을 불러주기 전에는 하나의 몸짓이었던 발레가 이름을 부르니 나에게로 와서 비로소 꽃이 됐습니다.

제가 발레를 배울 수 있을 것 같지는 않았지만, 어느새 발레를 배울 수 있는 몸을 갖고 싶다는 욕망이 운동하는 동기가 됐습니다. 발레를 배우고 싶다기보다 발레를 배울 수 있는 상태가 되고 싶다는 희망을 가진 이유는 발레 배우는 일이 그만큼 높은 벽으로 보였기 때문입니다.

　"고이 접어 나빌레라."

　그 무렵 저도 눈물을 주르륵 흘리며, 콧물을 훌쩍이며 직장 책상에 앉아 웹툰 〈나빌레라〉를 보기 시작했습니다. 미처 다 끝내지 못한 채 퇴근해야 해서 애써 마음을 진정시키고 연구실을 나섰습니다. 지하철을 타고 가는 내내, 뒷얘기가 너무 궁금해지더군요. 못 참고 스마트폰을 꺼내 그다음 회를 이어 보는데 또 눈물이 주르륵 흘렀습니다. 머리 허연 중년남이 지하철 안에서 스마트폰으로 웹툰을 보며 훌쩍훌쩍 울었던 거죠.

　당당하게 발레를 배우고 싶다는 속마음을 꺼내 얘기할 수가 없어서 발레를 배울 수 있는 몸을 갖고 싶다는 둥, 다음 생에는 꼭 배우고 싶다는 둥 연막을 치며 지내던 제게 이 〈나빌레라〉는 꽤나 괜찮은 위로가 됐습니다. 하지만, 웹툰과 드라마가 성공해도 발레는 여전히 마이너입니다. 대다수 사람에게 '발레를 한다'는 '다리를 찢는다'와 동의어인 것이죠.

　"그의 꽃이 되고 싶다."

172

발레 주위를 맴돌던 제게 발레 책을 내보자고 제안해주셨을 때 무척이나 설레었습니다. 지하철 안에서 훌쩍거릴 정도로 좋아했던 무언가에 대해 글을 남기고 싶다는 욕망과 쓸 만한 내용이 없다는 내적 빈약이 서로 싸우기 시작했습니다. 발레에 대한 욕망과 두려움이 싸울 때 대개는 두려움이 이겨왔습니다. 발레를 배우고 싶다고 얘기하는 것조차 발레를 배울 수 있는 몸을 갖고 싶다고 비틀어 말해야 했을 정도로요.

하지만, 내가 발레의 이름을 불러 발레가 나에게로 와서 꽃이 됐듯, 이제는 발레가 내 이름을 불러줄 차례입니다. 발레에게 가서 제가 꽃이 돼주었듯이 발레도 제게 잊히지 않는 하나의 눈짓이 돼주기를 바랐습니다.

바란다고 다 이루어지면 그건 제가 사는 지구가 아니죠. 책을 쓰겠다고 몇 달째 고민하고 쥐어짜도 읽고 싶은 글은 나오지 않고 시간만 흘러갔습니다. 그때 저를 채우는 건 김춘수 시인의 꽃도 아니고, 조지훈 시인의 승무도 아니었습니다. 답답한 제 마음을 때린 건 김상용 시인입니다.

"왜 사냐 건 웃지요."

173

참고문헌

로봇의 외침: 무릎을 펴고 싶어요

프리실라 M. 클락슨, 마거릿 스크리나르, 도정님 역, 《과학적인 무용훈련》, 삼신각, 1995

유튜브채널(일본어), "専心良治"

내 가슴 속 진주: 무게 중심은 움직입니다

안옥희, 《아아, 저 눈빛》, 해문, 1988

롱 드 장브 아 떼르: 달의 공전

나무위키, "달"

위키백과, "달"

유튜브채널, "릴드당스 기초발레 배우기"

를르베, 뽀르 드 브라, 데블로뻬: 내 몸속 지렛대

유튜브채널, "릴드당스 기초발레 배우기"

의상과 슈즈: 파스칼의 물침대

필립 카곰, 정주연 역, 《나체의 역사》, 학고재, 2012

시야각: 한 사람만 눈에 보여요

네이버블로그 한님쌤 필라테스, "왜 눈을 움직여야 하는가? 눈의 역할" 2021. 6. 24

인류의 탄생과 진화: 발레의 뿌리를 찾아서

이상희, 윤신영, 《인류의 기원》, 사이언스북스, 2015

고유 수용성 감각: 나는 누구 여긴 어디
고유 수용성 감각: 움직임과 감정을 이어주는 다리

로버트 루트번스타인, 미셸 루트번스타인, 박종성 역, 《생각의 탄생》, 에코의서재, 2007.

프랭클린 메소드 단상: 마음의 눈

위키백과, "Eric Franklin"

Eric Franklin, Dance Imagery for Technique and Prformance, 2nd Ed., Human Kinetics, 2013

탐닉: 도파민은 발레 호르몬

나무위키, "탐닉" "도파민" "엔도르핀"

위키백과, "탐닉" "도파민" "엔도르핀"

움직임 산업: 픽사, 메타버스, 발레

나무위키, "NeXT", "픽사 애니메이션 스튜디오" "몬스터주식회사"

위키백과, "매킨토시"

물리의 빨리에
과학자가 보는 발레 세상

초판 1쇄 발행 2022년 4월 22일
초판 2쇄 발행 2023년 7월 27일

지은이	편집	이메일
배진수	윤지영	flworx@gmail.com

삽화	교정	홈페이지
임이랑	김승규	floorworx.net

디자인	펴낸곳	인스타그램
로컬앤드	플로어웍스	@floorworx_publishing

펴낸이	출판등록	페이스북
윤지영	2019년 1월 14일	@Flworx

ISBN
979-11-978533-7-1 03680